Ca.i.

Column 1 (na. — Greek/Latin interlinear):

terrã.
¹ τὴν γῆν · ἡ
tenebre fu
² σκότος ἐ
ebatur fu
³ ἐφέρετο ἐ
lux. τ fa
φῶς· καὶ ἐ
a. et vi
δὸν·καὶ δι=
ater
ἐμέσον τοῦ
et tene
, καὶ τὸ σκο
et facti ẽ
καὶ ἐκάλεϲε
mameñtũ in
ἐρϵώμα ἐν
er aquã
μέσον ὕδα
neth.τ di=
μα·καὶ δ́ίε
fub
ϲοϰϰτωῦ
uc super
τοῦ ἐπάνω
ϲαμέñ ce=
ϵωμα ὄυϱα
pcre· τ
πϵρα· καὶ
ϲ cõgre=
ϲ ϲυναχ=
congrega
ϲυναγω=
τ cõ
ϲωϲ·καὶ ϲυ
cõgre
τὰϲ ϲυνα
deus ari
ὁ θϲ τὴν ἔη
cauit.m3
ϰάλεϲεϸα
deus ger
νόὸ βλα
ẽ fin
μα κατὰ
τ̃ facieϲ
τον ποιοῦν
genus fup
γένοϲ ἐϖι
ra her=
γῆν βοτα
ϲϲὸϲ ϲιμι
καὶ ὁμοιο
tius fe
νϖό μϵϱ
et vidit
καὶ ἔιδεν

Column 2 (Transla. B. Hiero. — Latin Vulgate):

IN princípio crea .i.
uit deus ∞∞∞∞∞∞∞
ᶜcelum & ᵈterrã. ᵇTerra
autem ∞∞ ∞∞∞∞∞∞
ᶜerat ᵉinanis & fvacua: ᵐ&
tenebre erant ⁿsup facie
ᵖabyssi : ᑫ& spiritus ʳdei
ᵉferebatur ᶠsuper ∞∞∞∞
ᵍaquas. ʳ Dixitᑫ ᵈdeus.
ᵃFiat ∞∞∞∞∞∞∞∞∞∞∞∞
ᵇlux. ᶜEt facta eᵈlux. ᵉEt
vidit ᵈdeus ᶜlucem ∞∞∞∞∞
ᑫ eſſet ᵇbona : ¹& diuiſit
∞∞∞∞∞∞∞∞∞∞∞∞∞∞∞
ºlucem ᵃᑫtenebris : ᵖap
pellauitᑫ ∞∞∞∞∞∞∞∞∞∞∞
ᶠlucem ⁿdie : ᵗ& tenebras
ᵛnoctem. ∞∞∞∞∞∞∞∞∞∞∞∞
ᵃFactumᑫ eſt ᵇveſpe ᵈ&
ᵈmane ᵈdies ᵛvnus.∞∞∞∞∞
ᵍDixit quoᑫ ᵇdeus. ᶠFiat
ᵇfirmamentũ ¹in medio
ᵐaquarum : ᵇ& ᵒ diuidat
ᵃaquas ∞∞∞∞∞∞∞∞∞∞∞∞∞
ʳab aquis. ᵍEt fecit ᵈdeus
ˣfirmamentum. ∞∞∞∞∞∞
ᵗdiuiſitᑫ ᵃaquas ᵇᑫ erant
ᶠfub ∞∞∞∞∞∞∞∞∞∞∞∞∞∞
ᵒfirmaméto ab his ᵍque
erant ᶠſuper ∞∞∞∞∞∞∞∞∞
ᶠfirmamentũ. ᵏ Et factũ
eſt ᵗita. ᵐVocauitᑫ ⁿdeus
ᵒfirmamentum ᵖ celum:
ᑫ& factum eſt ᵛ veſpe ᵉ&
ᶠmane ᵈdies ᶠſecundus.
ʳDixit vero ᵍdeus. ∞∞∞∞∞
ᵃCongregentur ᵇaque ᑫ
ᶠfub ᶜcelo funt ¹in∞∞∞∞∞∞
ᶠlocum ᵛvnum : ᵇ& appa=
reat ¹arida. ᵏEt factum e
ᵗita. ᵐEt vocauit ⁿdeus ᵒa
rida ᵖterram:∞∞∞∞∞∞∞∞∞
ᑫcõgregationeſᑫ ᵃaqua
rũ ᵃappellauit ᵇmaria. ᵈ&
vidit ᶜdeus ᵗᑫ eſſet ᵇbo=
num: ᵃ& ait. ᶜ Germinet
ᵇterra ᶜherbã ᵈviretem &
ᵍfacièté ſemé: & ⁱlignũ
ᵏpomiferũ faciens ᵐfru=
ctũ ¹iuxta genus ſuũ ⁿcu
ius ᵖſemé ᑫ i ſemetipſo ſit
ʳfup ᵉterrã. ˢ Et factũ eſt
ᵗita. ᵘEt ptulit ᵗterra ʸher
bã ᵛvirété&ᵃfaciété ſeme
ᵒiuxta genus ſuũ: ᵖlignũ
ᑫ ᑫfaciés ᵗfructũ: ᵏ& hñs
vnũ quodᑫ ¹ſementem
ᶠfm ſpém ſuã. ᵐ Et vidit

Column 3 (Tex. Heb.):

בְּרֵאשִׁית בָּרָא אֱלֹהִים אֵת יְיָ
הַשָּׁמַיִם וְאֵת הָאָרֶץ וְהָאָרֶץ יְיָ
הָיְתָה תֹהוּ וָבֹהוּ וְחֹשֶׁךְ עַל פְּנֵי
תְהוֹם וְרוּחַ אֱלֹהִים מְרַחֶפֶת עַל
פְּנֵי הַמָּיִם וַיֹּאמֶר אֱלֹהִים יְהִי
אוֹר וַיְהִי אוֹר וַיַּרְא אֱלֹהִים יְיָ

וַיֹּאמֶר אֱלֹהִים יְהִי רָקִיעַ בְּתוֹךְ
הַמַּיִם וִיהִי מַבְדִּיל בֵּין מַיִם יְיָ
לְמָיִם וַיַּעַשׂ אֱלֹהִים אֶת הָרָקִיעַ
וַיַּבְדֵּל בֵּין הַמַּיִם אֲשֶׁר מִתַּחַת יְיָ
לָרָקִיעַ וּבֵין הַמַּיִם אֲשֶׁר מֵעַל
לָרָקִיעַ וַיְהִי כֵן וַיִּקְרָא אֱלֹהִים יְיָ
לָרָקִיעַ שָׁמָיִם וַיְהִי עֶרֶב וַיְהִי יְיָ
בֹקֶר יוֹם שֵׁנִי וַיֹּאמֶר אֱלֹהִים

יִקָּווּ הַמַּיִם מִתַּחַת הַשָּׁמַיִם אֶל יְיָ
מָקוֹם אֶחָד וְתֵרָאֶה הַיַּבָּשָׁה וַיְהִי יְיָ
כֵן וַיִּקְרָא אֱלֹהִים לַיַּבָּשָׁה אֶרֶץ יְיָ
וּלְמִקְוֵה הַמַּיִם קָרָא יַמִּים וַיַּרְא
אֱלֹהִים כִּי טוֹב וַיֹּאמֶר אֱלֹהִים

תַּדְשֵׁא הָאָרֶץ דֶּשֶׁא עֵשֶׂב מַזְרִיעַ
זֶרַע עֵץ פְּרִי עֹשֶׂה פְּרִי לְמִינוֹ יְיָ
אֲשֶׁר זַרְעוֹ בוֹ עַל הָאָרֶץ וַיְהִי
כֵן וַתּוֹצֵא הָאָרֶץ דֶּשֶׁא עֵשֶׂב יְיָ
מַזְרִיעַ זֶרַע לְמִינֵהוּ וְעֵץ עֹשֶׂה יְיָ
פְּרִי אֲשֶׁר זַרְעוֹ בוֹ לְמִינוֹ וַיַּרְא

Column 6 (Pritiua.heb. — Hebrew roots):

Ca.i.
רֹאשׁ
הָיָה תֹהוּ בֹּהוּ
פָּנֶה
תְּהוֹם רַחַף
אָמַר הָיָה
רָאָה
בָּדַל
קָרָא

רָקַע
בָּדַל
עָשָׂה

שָׁנָה

קָוָה
רָאָה

קָרָא
קָנָה

דָּשָׁא זָרַע
פָּרָה הָיָה

יָצָא

לְקַדְמִין בְּרָא יְיָ יָת שְׁמַיָּא וְיָת אַרְעָא   הֲוָה צָדָה רִיק

תֹהוֹא וְרוֹקָא דָּיְיֵי פְּנֵי אַנְפֵּי בָּא עַל אֲפֵי   נְשַׁב הֲוָה

IN principio creauit deus celũ τ terrã. Ca.i.
Terra aũt erat deſerta τ vacua:τ tenebre ſup
faciem abyſſi:τ ſpũs dei inſufflabat ſup faciẽ
aquaꝝ. Et dixit deus.Sit lux:τ fuit lux.τ vidit deus

Ca.I.
A

Hebre.
11.a.
ps.88.
Diere.
10.b.

B

Trāsla.Gre.lxx.cū interp.latina.

Ἐν ἀρχῇ ἐποίησεν ὁ θς̄ τὸν οὐρανὸν καὶ τὴν γῆν · Ἡ
δὲ γῆ ἦν ἀόρατος καὶ ἀκατασκεύαστος, καὶ σκότος ἐ=
πάνω τῆς ἀβύσσου. καὶ πνεῦμα θεοῦ ἐπεφέρετο ἐ=
πάνω τοῦ ὕδατος. καὶ εἶπεν ὁ θς̄ γενηθήτω φῶς. καὶ ἐ=
γένετο φῶς. καὶ εἶδεν ὁ θς̄ τὸ φῶς, ὅτι καλόν. καὶ διε=
χώρισεν ὁ θς̄ ἀναμέσον τοῦ φωτός, καὶ ἀναμέσον τοῦ
σκότους. καὶ ἐκάλεσεν ὁ θς̄ τὸ φῶς ἡμέραν, καὶ τὸ σκό=
τος ἐκάλεσεν νύκτα. καὶ ἐγένετο ἑσπέρα, καὶ ἐγένετο
πρωῒ, ἡμέρα μία. καὶ εἶπεν ὁ θς̄ γενηθήτω στερέωμα ἐν
μέσῳ τοῦ ὕδατος· καὶ ἔστω διαχωρίζον ἀναμέσον ὕδα=
τος καὶ ὕδατος. καὶ ἐποίησεν ὁ θς̄ τὸ στερέωμα. καὶ διε=
χώρισεν ὁ θεὸς ἀναμέσον τοῦ ὕδατος, ὃ ἦν ὑποκάτω τοῦ
στερεώματος, καὶ ἀναμέσον τοῦ ὕδατος, τοῦ ἐπάνω
τοῦ στερεώματος. καὶ ἐκάλεσεν ὁ θς̄ τὸ στερέωμα οὐρα=
νόν. καὶ εἶδεν ὁ θς̄ ὅτι καλόν. καὶ ἐγένετο ἑσπέρα, καὶ
ἐγένετο πρωῒ, ἡμέρα δευτέρα. καὶ εἶπεν ὁ θς̄ συναχθή=
τω τὸ ὕδωρ τὸ ὑποκάτω τοῦ οὐρανοῦ εἰς συναγω=
γὴν μίαν, καὶ ὀφθήτω ἡ ξηρά. καὶ ἐγένετο οὕτως. καὶ συ=
νήχθη τὸ ὕδωρ τὸ ὑποκάτω τοῦ οὐρανοῦ εἰς τὰς συνα=
γωγὰς αὐτῶν, καὶ ὤφθη ἡ ξηρά. καὶ ἐκάλεσεν ὁ θς̄ τὴν ξη=
ρὰν, γῆν. καὶ τὰ συστήματα τῶν ὑδάτων ἐκάλεσε θα=
λάσσας. καὶ εἶδεν ὁ θεὸς, ὅτι καλόν. καὶ εἶπεν ὁ θς̄ βλα=
στησάτω ἡ γῆ βοτάνην χόρτου σπεῖρον σπέρμα κατὰ
γένος καὶ καθ' ὁμοιότητα, καὶ ξύλον κάρπιμον ποιοῦν
καρπὸν, οὗ τὸ σπέρμα αὐτοῦ ἐν αὐτῷ κατὰ γένος ἐπὶ
τῆς γῆς. καὶ ἐγένετο οὕτως. καὶ ἐξήνεγκεν ἡ γῆ βοτά=
νην χόρτου σπεῖρον σπέρμα κατὰ γένος καὶ καθ' ὁμοιό=
τητα, καὶ ξύλον κάρπιμον ποιοῦν καρπὸν, οὗ τὸ σπέρ=
μα αὐτοῦ ἐν αὐτῷ κατὰ γένος ἐπὶ τῆς γῆς. καὶ εἶδεν

Transla.B.Hiero.

IN principio crea .I.
uit deus ∞∞∞∞∞∞
celum & terrā. Terra
autem erat inanis & vacua: &
tenebre erant super facie
abyssi : & spiritus dei
ferebatur super
aquas. Dixitq; deus.
Fiat ∞∞∞∞∞∞∞∞∞∞
lux. Et facta e lux. Et
vidit deus lucem
q̄ esset bona : & diuisit
∞∞∞∞∞∞∞∞∞∞∞∞∞∞
lucem a tenebris : ap
pellauitq; ∞∞∞∞∞∞∞∞
lucem die: & tenebras
noctem. ∞∞∞∞∞∞∞∞
Factumq; est vespe &
mane dies vnus. ∞∞∞∞∞
Dixit quoq; deus. Fiat
firmamentū in medio
aquarum: & diuidat
aquas ∞∞∞∞∞∞∞∞∞∞
ab aquis. Et fecit deus
firmamentum. ∞∞∞∞∞
diuisitq; aquas q̄ erant
sub ∞∞∞∞∞∞∞∞∞∞∞∞∞
firmaměto ab his q̄ue
erant super ∞∞∞∞∞∞∞
firmamentū. Et factū
est ita. Vocauitq; deus
firmamentum celum:
& factum est vespe &
mane dies secundus.
Dixit vero deus.
Congregentur aque q̄
sub celo sunt in ∞∞∞∞
locum vnum: & appa
reat arida. Et factum e
ita. Et vocauit deus a
ridā terram: ∞∞∞∞∞∞∞
cōgregationesq; aqua
rū appellauit maria. &
vidit deus q̄ esset bo
num: & ait. Germinet
terra herba virentem &
facieté seme: & lignum
pomiferū faciens fru=
ctū iuxta genus suū cu
ius seme in semetipso sit
super terrā. Et factū est
ita. Et protulit terra her
bā virentē & facieté seme
iuxta genus suū: lignū
q; faciés fructū: & hūs
vnū quodq; sementem
fm spém suā. Et vidit

Tex.Heb.

אֱלֹהִים אֵת
וְאֵת וְהָאָרֶץ
עַל־פְּנֵי שֶׁךְ
מְרַחֶפֶת עַל
אֱלֹהִים יְהִי
אֱלֹהִים אֵת
אֱלֹהִים בֵּין
קָרָא אֱלֹהִים
וַיִּקְרָא לַיְלָה
וַיְהִי אֶחָד יוֹם
קַע בְּתוֹךְ
הַמַּיִם יְהִי
אֶת־הָרָקִיעַ
מִתַּחַת
אֲשֶׁר מֵעַל
אֱלֹהִים לָא
עֶרֶב וַיְהִי
אֱלֹהִים
אֱלֹהִים מַיִם
וַיְהִי יָבָּשָׁה
הָאָרֶץ וַיְהִי
וַיִּקְרָא מַיִם
אֱלֹהִים
מַזְרִיעַ עֵשֶׂב
לְמִינוֹ אֲשֶׁר
וַיְהִי עֵץ
עֹשֶׂה אֲשֶׁר
וַיַּרְא בּוֹ

בְּקַדְמִין בְּרָא יְיָ יַת שְׁמַיָּא וְיַת אַרְעָא · וְאַרְעָא הֲוָת צַדְיָא וְרֵקַנְיָא וַחֲשׁוֹכָא עַל אַפֵּי
תְהוֹמָא · וְרוּחָא דַּיְיָ מְנַשְּׁבָא עַל אַפֵּי מַיָּא · וַאֲמַר יְיָ יְהֵא נְהוֹרָא וַהֲוָה נְהוֹרָא · וַחֲזָא יְיָ

In principio
Terra aūt
faciem ab
aquas. Et dixit
luce esset bona

목회자의 영성

바쁘지 않고 전복적이며 종말론적인

목회자의 영성

The
Contemplative
Pastor

유진 **피터슨** 지음 | 양혜원 옮김

포이에마
POIEMA

목회자의 영성

유진 피터슨 지음 | 양혜원 옮김

1판 1쇄 발행 2013. 1. 11. | **1판 7쇄 발행** 2023. 4. 26. | **발행처** 포이에마 | **발행인** 고세규 | **등록번호** 제 300-2006-190호 | **등록일자** 2006. 10. 16. | 서울특별시 종로구 북촌로 63-3 우편번호 03052 | 마 케팅부 02)3668-3260, 편집부 02)730-8648, 팩스 02)745-4827

값은 뒤표지에 있습니다. | ISBN 978-89-97760-11-4 03230 | 독자의견 전화 02)730-8648 | 이메 일 masterpiece@poiema.co.kr | 좋은 독자가 좋은 책을 만듭니다. 포이에마는 독자 여러분의 의견 에 항상 귀 기울이고 있습니다.

제임스 리델에게

　'분주함'과 '산만함'과 '피상성'이 특징이 되어버린 이 시대에 목회자는 수많은 일들로 허둥대며 영적 파산 상태에 이르게 됩니다. 그래서 성공한 목회자들은 거대한 추문을 만들어내고, 실패한 목회자들은 패배감의 늪에 빠지며, 이도저도 아닌 목회자들은 매너리즘에 포로가 됩니다.

　이 책에서 피터슨은 성공주의의 집요한 유혹을 뿌리치고 목회의 본질에 충실하게 사는 길에 대해 이야기합니다. 또한 목회자가 삶과 목회를 통해 스스로 진정한 행복을 누리고, 행복을 유통하는 내면의 길로 안내합니다. 내가 목회자로서 형성되는 과정에서 가장 큰 영향을 받은 책 중 하나이기에 이 책을 기쁜 마음으로 추천합니다.

김 영 봉

와싱톤한인교회 담임목사

목회자의 사부師父는 말하기를, 목회자는 영적 기술자가 아니라 영적 예술가라고 합니다. 목회자는 일상에 흐르고 있는 삶의 리듬을 발견하여 그것을 다양한 변주곡으로 들려줄 수 있는 사람이어야 합니다. 그들은 분주함 가운데 고요함을, 고요함 가운데 꿈틀거림을, 꿈틀거림 가운데 묵시적 시대의 환상적 도래를 볼 수 있는 사람들이어야 합니다.

이 책에서 유진 피터슨은 영적 방향 설정의 중요성을 예술적으로 그려내는 데 성공적입니다. 그의 필치는 포근하면서도 간결하며 그의 언어는 절제의 미덕과 자유로운 영혼을 투사하는 그림의 세계입니다. 이 책은 온 입안을 향기로운 육즙으로 가득 채워주는 고급 레스토랑입니다. 목회자들의 목민심서입니다.

류 호 준
백석대학교 신학대학원장

차 례

3부 새롭게 된 말씀

유진 피터슨은 장로교인이 아니었다면 수사가 되었을지도 모른다. 《한 길 가는 순례자*A Long Obedience in the Same Direction*》에서부터 《자유*Traveling Light*》, 《땅과 제단*Earth and Altar*》(《네 보화가 있는 곳*Where Your Treasure Is*》이라는 제목으로 재출간)에 이르기까지 가장 널리 알려진 그의 책들은 전부 기독교 영성의 실천을 다룬다.

게다가 유진은 수도원 분위기를 풍기기까지 한다. 그는 수염을 기르고 머리가 벗어졌으며 마른 체구이다. 조용하면서도 쉰 듯한 목소리는 마치 영혼의 어두운 밤을 여럿 헤쳐 나온 사람의 목소리 같다. 그에게는 침묵과 고독에 대한 본질적인 두려움을 직면하고 극복한 데서 나오는 안정적이고도 고요한 분위기가 있어서, 다소 거칠면서도 부드러운 말들이 진정한 깊이에서부터 우러나오는 것처럼 들린다.

그러나 그러한 수도원 같은 분위기를 제쳐둔다면, 그는 메릴랜드 주 벨 에어Bel Air에 있는 그리스도 우리 왕 장로교회의 목사일 정도로 철저한 장로교인이다. 그는 성도들 이름을 다 기억

할 수 없을 정도로 큰 교회의 목사는 하지 않기로 일찌감치 결심했다. 그와 그의 아내 잰은 약 3백 명이 모이는 그리스도 우리 왕 교회를 26년간 섬겼다.

특히 《한 길 가는 순례자》를 출간한 1980년부터 유진은 영성 훈련을 이해하고 실천하는 방법을 전수할 줄 아는, 사려 깊고 표현이 분명한 목사로 (화려하지는 않으나) 폭넓은 명성을 얻었다.

성경의 언어를 마스터했고, 권위 있는 윌리엄 올브라이트 William F. Albright 밑에서 박사 학위 수준의 공부를 한 그는 학문적 배경에서 글을 쓰고 목회를 한다. 그러나 그의 학식은 결코 전시용이 아니다. 사실 피터슨은 자신의 책에 대해 계속 질문을 받는 것을 불편해하며, 자신의 정체성과 삶의 목표는 그저 신뢰할 수 있는 목사가 되는 것이라고 주장한다. 그는 화려한 겉치레가 갈수록 중요해지는 세상에서는 빛을 보지 못하는 정직, 단순함 그리고 본질을 장려하는 데에 자신을 바쳤다.

1987년 9월에 나는 피터슨 부부와 사흘을 함께 보냈다. 벨에어가 아니라 북서부 몬태나에 있는, 돌아가신 그의 부모님 집에서 안식년을 보내고 있는 그들을 만났다. (이 책 2부 9장에 이 안식에 대한 유진의 성찰이 나온다). 플랫헤드 호숫가에 자리 잡은 그 집 뒤로 16킬로미터를 뻗어 있는 그 호수는 마치 하늘을 투영하는 푸른 거울과도 같았다. 하얀 봉우리의 로키 산맥이 둘러싸고 있는 그곳을 유진이 무척이나 좋아한다는 사실은 자명했다. 어느 날 저녁 그가 부엌에 서 있는데 해가 낮게 지면서 천장 쪽에 반짝이는 호수 물결이 비쳤다. 청바지 주머니에 손을 찔러 놓고 창밖을 내다보던 그는 딱히 누구에게랄 것도 없이, "이곳의 감각적인 면이 정말 좋아요"라고 말했다.

피터슨 부부는 10월까지 몬태나에 머물면서 여유롭게 기도하고, 주변 산들을 걷고, 소리 내어 같이 책을 읽고, 눈 덮인 들길을 스키로 가로지르기도 했다. 유진은 글을 쓰고 잰은 연달아 완성된 두 책의 초고를 타자 치면서 보냈다. 어느 사역자 부부에게든 소중할 수밖에 없는 둘만의 시간에 이따금씩 자녀들이 끼어들었다.

9월은 인터뷰하기에 더할 나위 없이 좋은 시간이었다. 유진은 안식년을 보내며 재충전되어 있었고, 목회로 돌아갈 준비, 이야기할 준비가 되어 있었다. 우리는 몇 시간을 녹음기 앞에서 보냈지만, 집 근처 산을 돌아다니기도 했다. 그럴 때면 유진은 시간을 들여 그곳의 지질학적 형성 과정에 대해서 이야기했고, 전나무 열매에 대한 인디언 전설을 들려주었으며, 보이는 족족 야생 동물을 알아채고는 손으로 가리켰다. 그러나 대화의 방향을 어디로 틀든 결국 계속해서 돌아오는 주제는 영성이었다. 장소의 중요성, 창조성의 역할, 공동체의 중요성, 기독교적 전복의 필요성. 이 모든 것을 하나로 모으는 것이 무엇이냐고 묻자, 유진은 물수리가 날개 치며 만 위로 지나가는 그곳에서 베르나노스의《어느 시골 신부의 일기*Diary of a Country Priest*》의 마지막

줄을 인용했다. "은혜는 어디에나 있다."

영성과 장소

덕행의 씨앗을 심으면서 빠른 결과를 찾는…사람은 실망할 것이다. 내일 저녁에 감자를 먹고 싶다면 오늘밤에 정원에 나가서 감자를 심는 것은 별 도움이 되지 않는다. 파종과 추수 사이에는 오랜 어둠과 보이지 않음과 침묵이 있어서 그 둘을 갈라놓는다. 그 기다리는 시간 동안에 경작하고 잡초를 뽑고 양육하고 또 다른 씨앗들을 심는다.

– 《자유》

목사님 책은 말 그대로 땅과 밀접합니다. 《땅과 제단》이라는 책 제목처럼 농사와 관련된 은유들이 있습니다. 이동이 빈번한 사회에서 살지만, 장소에 대한 인식, 지리적 위치의 중요성에 대한 인식이 강한 것 같습니다.

나는 시인이자 농부인 웬델 베리Wendell Berry의 책들을 즐겨 읽습니다. 그는 켄터키에 있는 땅뙈기를 취해서 존중하고 돌보고 거기에 자신을 굴복시킵니다. 마치 예술가가 자신이 쓰는 재료에 스스로를 굴복시키듯이 말입니다. 나는 베리의 글을 읽으면서 그가 '농장'과 '땅'에 대해 말할 때마다 그 자리에 '교구'라는 말을 대신 집어넣습니다. 그가 농장에 대해 하는 이야기들은 내가 교인들에게 실천하고자 노력하는 것들과 같습니다. 왜냐하면 목회의 특별한 면 중 하나가 장소이기 때문입니다.

목사가 던지는 질문은, "이 사람들은 누구이며, 내가 이들과 어떻게 함께해야 이 사람들이 하나님이 만드시는 대로의 모습을 갖출까?" 하는 것입니다. 내 직업은 그냥 그곳에 있으면서 최선을 다해서 성경을 가르치고 설교하고, 그들에게 정직하고, 성령께서 그들 안에 형성하시는 것을 간섭하지 않는 것입니다. 혹 내가 생각지도 못한 일을 하나님이 하시는 것은 아닌가? 기꺼이 하루를, 일주일을, 일 년을 침묵할 수 있는가? 웬델 베리처럼 이 땅을 개간하며 50년을 보낼 수 있는가? 이 사람들과 함께?

기독교 영성이란 복음의 성숙한 온전함 가운데서 사는 것입니다. 자녀, 배우자, 직장, 날씨, 소유물, 관계 등 인생의 모든 것을 믿음의 행위로 경험하는 것입니다. 하나님은 우리 삶의 모든 재료를 원하십니다.

우리 삶의 모든 재료를 믿음의 행위로 경험한다는 것은 무슨 뜻입니까?
지금 이 장소에서 하나님의 말씀에 집중할 책임이 있다는 것입니다. 영성의 전제는 하나님이 언제나, 내가 알기 전에 무엇인가를 하신다는 뜻입니다. 따라서 우리의 임무는 내가 해야 한다고 생각하는 일을 하나님이 하시게 하는 것이 아니라, 하나님이 하시는 일을 내가 인식해서 거기에 반응하고 참여하고 기뻐하는 것입니다.

교구 목회에 몰두하다 보면 종종 사람들의 인생에서 일어나는 일들에 놀라며 집에 오곤 합니다. 그들이 죄인이 아니라는 말이 아닙니다. 사람들은 살면서 죄도 짓고 반항도 하고 어리석은 일도 합니다. 그러나 거의 날마다 용기와 은혜가 있습니다. 내가 할 일을 하다 보면, 그러니까 멀찍이서 바라만 보지 않고 내 환경에 뛰어들다 보면, 궁극적으로 내가 느끼는 감정은 하나님이 이 사람들에게 하시는 일에 대한 경외심인 것 같습니다.

그것을 절실하게 느끼게 해준 사건으로는 어떤 것들이 있습니까?
레이랑 조 핍스가 생각나네요. 레이는 막내아들이 1학년 때 선생님이었는데, 잰이 그 선생님의 보조교사를 했어요. 한번은 잰이 그 선생님에게 교회에 와보지 않겠느냐고 물었지요. 레이는 갈 수도 있지만, 옷을 차려입는 걸 좋아하지 않는다고 했어요. 일요일은 청바지를 입는 날이라는 거지요. 잰은 청바지 차림으로 교회에 와도 된다고 했어요.

그때부터 두 사람은 만나면 악의 없는 농담을 주고받기 시작했습니다. 잰은 식료품점에서 레이를 만나면, "청바지를 빨아놓으셔야겠어요"라고 말을 건넸지요. 하지만 레이는 한 번도 교회에 오지 않았어요. 몇 년이 흘렀습니다. 그러다가 딸 카렌이 도

자기 공예를 배웠는데, 그 반에 레이가 있었어요. 그래서 레이는 카렌도 알게 되었지만 그래도 아무 일이 없었지요. 하지만 계속 같은 동네에 살고는 있었어요. 그러다가 2년 전에, 20년을 기도하며 기다린 끝에 드디어 일이 생겼습니다. 레이가 그리스도인이 된 것입니다.

그게 다가 아닙니다. 조 핍스는 레이랑 같은 학교를 다녔고 오래전부터 레이가 좋아한 사람이었어요. 두 사람은 사귀다 말다 했는데, 그 남자의 인생이 좀 꼬였지요. 마약에 손을 댔고 결국 마약 밀수로 체포되었습니다. 그는 인생 중반에 회심을 경험했는데 어떻게 해석해야 할지 몰라 도움을 구하며 레이에게 와서 말했지요. "이 일의 의미를 모르겠어"라고요. 그래서 레이는 자기가 아는 목사가 있다면서 그를 내게 데려왔어요.

결국 레이와 조는 결혼을 했습니다. 내게 자기들 결혼식 때 잰과 함께 〈더 가다 보면〉이라는 노래를 밴조를 연주하며 불러 달라고 했어요. 레이와 조의 결혼생활은 아직 갈 길이 멉니다. 조가 아직 형을 살고 있거든요. 하지만 그는 편지를 쓸 때마다 자기 이름을 "조 '더 가다보면' 핍스"라고 써 보내곤 한답니다.

목사로서 예상치 못한 상황에서 은혜를 보게 된다는 말씀이시군요.
맞습니다. 내 직업은 사람들의 문제를 해결해주거나 그들을 행복하게 해주는 것이 아니라, 자신의 삶에 작용하는 은혜를 보도록 돕는 것입니다. 힘든 일입니다. 왜냐하면 우리 문화 전체가 그와는 반대 방향으로 가고 있기 때문입니다. 똑똑하고 도움만 잘 받으면 모든 문제를 해결할 수 있다고 말하니까요. 사실 성경에 보면 행복한 사람들이 많지 않습니다. 그러나 기쁨, 평화, 그리스도의 고난이 자기 삶에서 갖는 의미를 경험하는 사람들은 있습니다.

영성이 하는 일은 자신이 어디에 있는지, 자기 삶의 특별한 상황이 무엇인지를 인식하는 것입니다. 은혜를 알아보고 이렇게 말하는 것입니다. "하나님은 나와 함께하셔서 내가 배우자를 바꾸거나 배우자나 자녀를 없애는 대신에 나를 바꾸고, 이 고통과 고난이 없었다면 결코 경험하지 못할 수도 있는 일을 내 인생에서 하시려는 것인가?"

때로 내가 목사로서 하는 일은 한 번도 '하나님'이라는 단어가 말해진 적이 없는 상황, 사람들이 하나님의 존재를 인식해보지 못한 상황에서 '하나님'이라고 말하는 것이 전부라고 생각합니다. 기쁨은 그 이름을 듣고 하나님이 이곳에 계심을 알아보는 능력입니다. 거기에는 일종의 흥분이 있습니다. 왜냐하면 하나님이 무엇인가를 하고 계시고, 비록 대단하지 않더라도 지금은 그것으로 충분하기 때문입니다.

영성과 창조성

죄인을 용서하고, 다친 사람을 돕고, 개인적 책임을 지는 일상의 일
가운데서도 진정한 은혜의 작용이 가능하다.…창조성은 계속된다.
이 세상의 길거리와 밭, 가정과 시장은 문화가 아닌 그리스도 안에
서 새로운 피조물을 전시하는 미술관이다.

−《자유》

**누구나 창조적으로 살도록 태어났다고 쓰셨는데, 많은 사람들이 그
렇게 하지 못합니다. 왜 그렇습니까?**

많은 경우 우리가 게으르기 때문입니다. 창조성은 어렵습니다.
창조적이라는 것은 믿음으로 산다는 것입니다. 다음에 무엇이
올지 모릅니다. 왜냐하면 창조되었다는 것은 그 정의상 그 전에
는 존재하지 않았다는 것을 뜻하기 때문입니다. 따라서 확신 없
는 어떤 것의 언저리에서 삽니다. 실패할 수 있습니다. 사실, 많
은 경우 거의 확실히 실패합니다. 내가 아는 모든 창조적인 사
람들은 자신이 만들어낸 많은 것을 내다버립니다.

**우리가 창조적으로 살게 되지 않는 또 다른 이유는 어쩌면 창조성에
대한 이해가 너무 협소하기 때문인지도 모르겠습니다. 우리는 예술
가나 소설가만 창조적이라고 생각하는 경향이 있지요.**

사실 대부분의 창조성은 눈에 띄지 않습니다. 그러니까 대다수

사람들은 좋은 운동선수가 될 몸이나 화가가 될 예술적 조합을 타고 나지 않았습니다. 그러나 저는 모든 사람에게 창조성이 있다고 생각합니다. 다만 재료가 다를 뿐이지요. 재료는 자기 인생입니다.

은혜가 없는 인생은 없습니다. 잰이 시애틀에 있는 친구에게서 받은 편지를 조금 전에 읽었는데, 그들은 1년 전에 아이를 낳았습니다. 그리고 2-3주 후엔가 그 아기가 앞을 거의 보지 못한다는 사실을 알게 되었습니다.

루디는 십대 때부터 알고 지낸 사이라 저도 마음이 아팠습니다. 루디의 남편 데이브 때문에도 마음이 아팠습니다. 그는 활달하고 야외 활동을 좋아합니다. 그는 오대륙 곳곳에서 3천 미터가 넘는 봉우리들을 올라본 사람입니다. 그는 깊고 조용한 영성의 소유자입니다. 정말 아름다운 부부인데, 자식이 앞을 보지 못합니다. 내 첫 반응은 말도 못하는 슬픔이었습니다. 그러니까 "어떻게 이런 일이 데이브와 루디에게 일어날 수 있지?" 하는 반응이지요.

그런데 어제 루디와 전화 통화를 했는데, 이렇게 말하더군요. "인생에서 대단한 경험을 많이 했지만, 엄마가 되는 것만큼 대단한 경험은 없었어요." 그리고는 우리가 데이브와 그 아이 케언을 한번 봐야 한다고 말했습니다. 이제 돌을 갓 넘긴 케언은 올림픽 반도, 캐스케이드 산맥, 로키 산맥, 그레이트스모키 산맥에 있는 봉우리들을 다 올라가 보았다고 합니다. 데이브가 산행을 갈 때마다 딸을 데려간다는군요.

그 아기가 이들 부부에게서 최선의 모습을 끌어내고 있습니다. 케언이 어떠한 상태이건 그 아이는 하나님의 선물입니다. 이들이 바로 창조적으로 사는 부부입니다. 자신에게 주어진 것을 은혜와 구원의 삶으로 끌어왔으니까요.

영성과 공동체

교회의 구성원이 되는 것은 그리스도에 대한 믿음의 당연한 결과이다. 인간에게 가족이 없을 수 없는 것처럼 그리스도인이면서 교회와 아무런 상관이 없을 수는 없다.…교회의 구성원이 된다는 것은 구원이라는 구조의 한 부분이다.

-《한 길 가는 순례자》

미국의 그리스도인들은 사적인 기도를 공동 기도나 예배 중의 기도와 대립되는 것으로 보고 개인 기도에 집중하는 경향이 있습니다. 목사님의 글을 보면 그러한 경향을 불편하게 여기는 것 같은데요.

불편합니다. 기도의 전형은 홀로 하는 기도가 아니라 공동체로 하는 기도입니다. 본질적이고 성경적인 맥락은 예배입니다. 그래서 저는 예배가 바로 기도의 장소라고 생각합니다. 우리가 복음의 깊이를 회복할 수 있는 유일한 맥락이지요.

그 말은 우리가 공동체 안에서 기도를 배우고, 홀로 하는 기도는 공동체의 예배에서 가져오는 어떤 것이라는 뜻입니까?

맞습니다. 누가 내게 와서 "기도하는 법을 가르쳐주십시오"라고 말한다면, 저는 "일요일 아침 9시에 이 교회에 오십시오"라고 대답할 것입니다. 거기가 바로 기도를 배우는 곳입니다. 물론 혼자 있을 때도 기도는 계속되고 다른 형식을 갖출 수도 있습니다. 그런데 미국에서는 그 둘의 순서를 바꾸어놓았습니다. 기독교 영성의 긴 역사에서 볼 때, 공동체 기도가 가장 중요하고 그 다음이 개인 기도입니다.

공동 기도에서 우리는 무엇을 배웁니까?

한 가지 우리가 배우는 것은 기도의 인도를 받는 것입니다. 우리는 기도를 자신이 주도하는 것으로 생각하기 쉽습니다. 내게 어떤 필요가 있다거나 내가 행복하다는 것을 인식할 때 기도를 합니다. 그때의 강조점은 자신이고, 그렇게 기도할 때 내가 무엇인가를 시작했다는 의식이 있습니다.

하지만 교회에 가면 어떻습니까? 나는 앉아 있고 누가 내 앞에 서서 말합니다. "다 같이 기도합시다." 내가 시작하지 않았고, 나는 반응할 뿐입니다. 이 말은 내가 겸손해졌다는 뜻입니다. 더 이상 내 자아가 두드러지지 않습니다. 그것이 바로 기도의 가장 기본 요소입니다. 왜냐하면 기도는 응답하는 말이기 때문입니다.

기도는 하나님이 하신 말씀에 대한 응답이어야 합니다. 예배하는 회중, 즉 읽고 가르치는 말씀을 듣고 성례전으로 그것을 축하하는 회중이 바로 내가 기도를 배우고 기도를 실천하는 장소입니다. 바로 그곳이 내 기도의 중심지입니다. 거기에서 시작해서 그 다음에 골방으로 가거나 산으로 가서 계속 기도하는 것입니다.

공동체 안에서 기도하는 것에 대해서 두 번째로 이야기할 것은, 회중 안에서 기도하면 내 감정이 고려되지 않는다는 것입니다. 내가 회중으로 들어갈 때 아무도 내게 "오늘은 기분이 어떻습니까? 어떤 것에 대해서 기도하고 싶으십니까?"라고 묻지 않습니다.

따라서 회중 가운데서 기도가 내 감정에 좌우되거나 내 감정의 인증을 받는 것이 아님을 서서히 배웁니다. 내 느낌으로 기도를 평가하고, 어떤 느낌이나 영적 집중력, 평화 혹은 그 반대로 괴로움이 있어야 기도할 수 있다고 생각하는 것만큼 기도를 파괴하는 것은 없습니다.

혼자서 이것을 배우는 것은 거의 불가능합니다. 하지만 회중 안에 있으면 내가 원하건 원하지 않건, 혹은 심지어 기도 시간 내내 졸더라도, 기도는 계속된다는 것을 반복해서 배우게 됩니다.

영성과 체제 전복

기도는 전복적 활동이다. 현 체제의 어떠한 주장에 대해서든 다소 공개적 저항 행위를 하는 것이다.…〔우리가 기도하면〕서서히 그러나 확실히, 문화도, 가족도, 정부도, 직업도, 심지어 폭군 같은 자아도, 하나님의 주권의 조용한 권능과 창조적 영향력에 맞설 수 없게 된다. 가족과 인종에 대한 모든 자연적 유대와 사람과 민족에 대한 모든 의지적 헌신이 마침내는 하나님의 통치에 종속된다.

－《네 보화가 있는 곳》

미국의 그리스도인들은 자기 주변의 문화가 기독교적이라고 너무 쉽게 단정한다고 보십니까?

그렇습니다. 다른 문화에서 우리 문화로 온 사람들이 하는 말을 듣고, 그들이 보고 듣는 것에 주의를 기울이는 것이 도움이 됩니다. 제 경험으로는, 그들은 미국을 기독교 국가로 보는 것 같지 않습니다. 솔제니친이나 투투 주교, 혹은 아프리카나 남미에서 온 대학생들이 하는 이야기를 들어보면 그들은 미국을 기독교 국가로 보지 않습니다. 오히려 기독교 국가와는 반대되는 것을 봅니다.

욕심 많고 교만한 모습을 보고, 희생하는 삶과 사랑이 특징인 성경적 기독교 공동체의 미덕은 거의 하나도 없는 기독교 공동체를 봅니다. 그들이 보기에 우리는 감정과 느낌에 지나치게 빠져 있고, 탐욕스러울 만큼 만족감을 추구합니다.

중요한 것은 그들이 우리의 표면적 언어 너머를 본다는 것입니다. 모든 것 앞에 쳐놓는 기독교 언어의 이면을 보는 것이지요. 외부인들에게 미국이 매력적인 이유 중 하나는 영성이 아니라 물질주의입니다. 이제 막 이 나라에 온 난민들이 하는 이야기를 들어보면 흥미롭습니다. 그들이 원하는 것은 자동차와 텔레비전입니다. 그들은 우리의 복음을 쫓아오지 않습니다. 부와 안락을 약속하는 것으로 그 복음을 해석하지 않는 한 말입니다.

교인들에게 그렇게 설교합니까?

예, 합니다.

어떻게 설교하십니까? 쉽지 않을 거라 생각하는데요.

나도 그들 중 한 사람입니다. 나도 그들과 같은 종류의 집에서 살고, 같은 종류의 차를 몰고, 같은 가게에서 장을 봅니다. 그러니까 나도 그들과 같습니다. 우리가 다 같은 처지인 것이지요.

몇몇 사람들이 사회에서 벗어나 일종의 돌격부대처럼 사회에 도전하기 위해서 집단 거주지 같은 것을 만들 수도 있습니다. 하지만 그것은 내 소명이 아닌데다가, 모두가 직업이 있고 사회에서 제자의 자리를 찾고 거기에서 자신이 할 수 있는 일을 하려는 회중에게 분리주의 언어를 사용하는 것은 신뢰성이 떨어진다고 생각합니다. 제가 그렇게 하면 신용을 잃게 됩니다. 일요일에 쓰는 언어와 월요일에 쓰는 언어가 다르기 때문입니다.

그래서 제가 무엇보다도 제 자신 안에서 개발하려고 노력했던 것은 바로 전복적 정신입니다. 전복적인 사람이란, 적어도 겉으로는 문화적 색채를 취하는 사람입니다. 그 색채를 잃어버리면 효력을 잃습니다. 전복적인 일은 조용히 숨어서, 인내하며 하는 것입니다. 그는 그리스도께서 문화를 이기셨다는 사실에 전념하여 작은 일도 기꺼이 하려 합니다. 전복적인 사람은 결코 큰일을 하지 않습니다. 그는 언제나 비밀 메시지를 지니고 다니면서, 문화가 궁극적이라고 제시하는 것 너머에 무엇인가 있을 수 있다는 의혹을 심습니다.

특별히 기독교적 전복 행위라고 할 수 있는 것들은 어떤 게 있을까요?

평범한 기독교적 행위들입니다. 희생적 사랑, 정의, 소망의 행위들이지요. 여기에 새로운 것은 하나도 없습니다. 우리의 임무는 그리스도인으로서 자기 정체성을 개발하고, 이러한 일들을 부수적으로가 아니라 핵심적으로 하는 것입니다. 서로 격려하고, 함께 기도하고, 함께 성경을 공부함으로써 이러한 것들이 사실은 우리 삶의 중심이라는 의식을 키웁니다. 그러나 이러한 것들이 이 세상적인 삶의 중심은 아님을 인식합니다. 기독교에 대한 이야기가 문화적으로 아무리 많다 해도 말입니다.

희생적 사랑, 정의, 소망이 우리 정체성의 중심에 있다는 의식을 키울 수 있다면, 날마다 일하러 갈 때와 밤마다 집으로 돌아갈 때 늘 그 의식을 가지고 다닐 수 있다면, 우리는 사실상 전복적인 사람입니다. 기독교적 전복은 거창하지 않다는 것을 알아야 합니다. 전복적인 사람은 전쟁에서 이기거나 하지 않습니다. 그들이 하는 일이라고는 터를 준비하고 믿음과 소망의 방향으로 조금만 분위기를 바꿔서 그리스도께서 나타나실 때 그분을 기다리는 사람들이 있게 하는 것이 전부입니다.

'전복적subversive' 이라는 단어의 접두사sub-, 즉 밑에서 올라온다는 그 말의 의미를 진지하게 받아들여야 합니까?

그렇게 해야 한다고 생각합니다. 우리는 깊이에서부터, 사물의 중심에서부터 일합니다. 복음의 이미지는 밑에서부터 올라오는 성장의 이미지들입니다. 예를 들어 씨앗은 흙 밑에 있지만 흙을 뒤집습니다.

서른세 살 된 목사 친구가 있는데, 키도 크고 잘생겼고 개성도 강합니다. 텔레비전이나 유명한 교회에 있으면 잘할 사람이지요. 하지만 그는 사다리에서 내려오는 이야기를 하고는 몬태나의 자그마한 빅터Victor에 자리를 잡았습니다. 어쩌면 우리에게는 그와 같은 목사들이 더 필요하고, 그와 같은 목사를 원하는 교회들이 더 필요한지도 모릅니다. 지역 중심이 되기를 원하고 장소를 중요하게 여기는 목사, 그 지역의 단순한 재료들을 사용해서 공동체가 되기를 원하는 교회 말입니다.

적어도 저는 목회자의 삶을 그렇게 이해합니다. 저는 그리스도 우리 왕 교회에 26년을 있었습니다. 윌리엄 포크너는 미시시피 지역의 3-4제곱킬로미터밖에 모르고 살았는데, 저도 그러고 싶습니다. 그리스도 우리 왕 교회의 3-4제곱킬로미터를 알고, 계속해서 알아가고 싶습니다.

1989년

로드니 클랩Rodney Clapp

〈크리스채너티 투데이*Christianity Today*〉부편집장 목사의 본질을 다시 정의해야 한다.
그렇게 하기 위해서 그 명사를 분명하게 해주는
형용사 세 가지를 제안한다.
바쁘지 않은, 전복적인, 묵시적인.

1부

목사,
다시 정의하다

✝

여호와 앞에 크고 강한 바람이 산을 가르고
바위를 부수나 바람 가운데에 여호와께서 계
시지 아니하며 바람 후에 지진이 있으나 지진
가운데에도 여호와께서 계시지 아니하며, 또
지진 후에 불이 있으나 불 가운데에도 여호와
께서 계시지 아니하더니 불 후에 세미한 소리
가 있는지라(왕상 19:11).

사람을 감동시키는 모든 연설은 누군가의 정
신이 가만히 있을 때 만들어졌다.
_R.E.C.브라운

1. 벌거벗은 명사 ⚪

잠시라도 세상 문화가 정의해주는 나를 받아들이면 사람들은 나를 무해한 사람으로 여긴다.

건강한 명사에는 형용사가 필요 없다. 형용사는 건강한 명사를 어수선하게 만들 뿐이다. 그러나 명사가 문화 때문에 손상되었거나 병에 걸렸다면, 형용사가 필요하다.

'목사'도 그런 명사 중 하나였다. 힘이 넘치고 강건한 단어였다. 그 단어의 느낌을 나는 늘 좋아했다. 어려서부터 그 단어는 하나님에 대해서 열정적이고 사람들에 대해서는 정이 많은 사람을 연상시켰다. 비록 내가 아는 목사들은 그러한 특징을 구현하지 않았지만, 그 단어 자체는, 반대의 예시에도 불구하고, 그 자리를 지켰다. 요즘에도 사람들이 내게 어떻게 불리고 싶으냐고 물으면 나는 늘 '목사'라고 대답한다.

그러나 미국에서 목사라는 소명이 실현되는 방법을 관찰하고, '목사'라는 단어가 사용되는 어조와 맥락을 들어보면, 내가 그 단어에서 느끼는 것과 다른 사람들이 느끼는 것이 매우 다름을 알게 된다. 일반적인 용례에서 보자면 그 단어는 힘이 없고, 패러디에 자주 등장하며, 기회주의의 대명사가 되었다. 따라서 그 단어를 강하게 해주는 형용사가 반드시 필요하다.

나는 형용사를 통한 이러한 재활이 계속 필요하다고 느낀다. 나는 문화가 내게 전수해주는 목사의 정의를 거절하고 그 단어를 다시 정의하여 성경의 통찰과 이미지로 내 삶을 재구성한다. 문화는 내게 너무 상냥하다! 정통 신조를 지키라고 격려하고, 나의 복음주의적 실천을 칭찬하고, 특이한 헌신을 칭송한다. 다만 문화의 선한 뜻을 격려하고 문화의 선한 의도에 성수를 뿌려주는 제사장 역할을 받아들이라고 요구할 뿐이다. 이러한 요구를 하는 사람들 가운데 많은 이들이 내 친구다. 내가 아는 한 그들 중 누구도 의식적으로 해를 끼치려는 사람은 없다.

그러나 내가 잠시라도 문화가 정의해주는 나를 받아들이면, 사람들은 나를 무해한 사람으로 여긴다. 악과 어리석음을 마음껏 비난해도 마치 어릿광대를 참아주듯 나의 맹렬한 비난을 참아준다. 그들의 선한 뜻을 이렇게 저렇게 조직해도 허용한다. 주말에만 하는 일이기 때문이다.

목사의 본질을 다시 정의해야 한다. 그렇게 하기 위해서 그 명사를 분명하게 해주는 형용사 세 가지를 제안한다. **바쁘지 않은, 전복적인, 묵시적인.**

2. 바쁘지 않은 목사 ───────────────── ○

모든 일을 끼워 맞추기 위해서 끊임없이 내 일정을 조정해야 한다면 어떻게 행위가 아닌 믿음으로 살라고 사람들을 설득할 수 있겠는가?

내가 읽지도 않고 쓰레기통에 버리는 편지는 '바쁜 목사'에게 보내는 편지다. 내가 바쁠 때가 없다는 말이 아니라, 나의 가장 안 좋은 점을 부추기는 사람에게는 주의를 기울이지 않는다는 뜻이다.

나는 그 형용사의 정확한 의미를 반박하는 것이 아니라, 아첨하거나 동정심을 표하는 방식으로 그 말을 사용하는 것에 이의를 제기하는 것이다.

"참 안됐네요. 자기 양 떼에게 너무 헌신되어 있어서 일이 끝이 없고 아낌없이 자신을 희생하는군요"라고 우리는 말한다. 그러나 바쁘다는 말은 헌신의 낌새가 아니라 배신의 낌새다. 헌신이 아니라 변절이다. 목사 앞에 붙는 '바쁘다'라는 형용사는 마치 '간음하는' 아내나 '횡령하는' 은행가라는 말처럼 우리 귀

에 들려야 한다. 그것은 터무니없는 스캔들이고 신성모독적인
모욕이다.

투르의 힐라리우스Hilary of Tours는 목사가 바쁜 것은 '하나님
의 일을 대신하려고 하는 신성모독적 불안irreligiosa Sollicitudo pro
Deo'이라고 진단했다.

나는 (그리고 내 생각에 대부분의 목사들은) 두 가지 이유에서
바쁘다. 둘 다 수치스런 이유들이다.

허영심 때문에 바쁘다. 나는 중요한 사람, 비중 있는 사람처럼
보이고 싶어 한다. 그렇다면 바쁜 것보다 더 좋은 방법이 어디
에 있겠는가? 믿기 힘든 근무 시간, 꽉 찬 일정, 시간에 대한 압
박은 나 자신과 그것을 알아보는 모든 사람에게, 내가 중요한
사람이라는 증거가 된다. 병원에 갔는데 기다리는 사람이 하나
도 없고 반쯤 열린 진료실 문틈으로 의사가 책을 읽고 있는 모
습을 보면, 저 사람이 실력이 있는지 의문을 품게 된다. 실력 있
는 의사라면 환자가 줄을 서서 기다리는 통에 책 읽을 여유가
없을 것이다. 환자가 많아서 대기 시간이 길어지는 것에 대해서
는 불평하겠지만, 그가 중요한 사람이라는 사실에 대해서는 깊
은 인상을 받을 것이다.

그러한 경험들이 내게 영향을 미친다. 꽉 찬 일정과 일에 시
달리는 것이 중요성의 증거가 되는 사회에서 나는 살고 있다.
그래서 일정을 채우고 일에 시달리는 환경을 만들어낸다. 다른
사람들이 그것을 알아본다면 나의 중요성을 인정할 것이고, 그

러면 나의 허영심이 만족될 것이다.

게으르기 때문에 바쁘다. 나 스스로 단호하게 결심하지 않고 다른 사람들이 대신 결정하도록 내버려두는 것은 나태함이다. 너무 무성의하기 때문에 직접 자기 일을 정하지 못하고, 목사의 일을 이해하지 못하는 사람들이 내 할 일을 정하게 내버려둔다. 사람들의 생각 속에 목사란 모호한 존재일 뿐이고, 하나님과 선한 뜻에 관련된 것들과 어렴풋이 연결된 중요하지 않은 인물이다. 그래서 조금이라도 종교적이거나 뜻이 좋으면 바로 목사에게 맡길 수 있는 일이라고 생각한다.

이러한 임무들이 목사에게 진지하게 제안되기 때문에 나는 그냥 따라간다. 거절하려면 힘이 들고, 게다가 거절이 묵살로, 종교에 대한 배신으로, 도움이 필요한 사람들에 대한 냉담한 무시로 해석될 위험이 늘 있다.

C. S. 루이스는 게으른 사람만이 열심히 일한다는 주제를 즐겨 사용했다. 결정하고 지휘하고 가치를 확립하고 목표를 세우는 핵심적인 일들에 대한 책임을 게으름 때문에 다해내지 못하면 다른 사람들이 대신해서 해준다. 그렇게 되면 막판에 가서는 내 시간을 압박해오는 대여섯 가지 요구들(그중 아무것도 목사의 소명에는 본질적이지 않다)을 해내려고, 누군가를 실망시키지 않으려고, 미친 듯이 애를 쓰게 된다.

그러나 허영심 때문에 눈에 띄는 활동으로 내 하루를 채우거나 다른 사람들의 고압적인 요구들로 내 하루를 채운다면, 내가 정작 해야 할 일, 내가 부름 받은 일을 해야 할 시간이 없다. 내가 끊임없이 움직이고 있다면 어떻게 사람들을 잔잔한 물가의 조용한 장소로 인도할 수 있겠는가? 모든 일을 끼워 맞추기 위해서 끊임없이 내 일정을 조정해야 한다면 어떻게 행위가 아니라 믿음으로 살라고 사람들을 설득할 수 있겠는가?

중요한 일을 둘러싼 소동

이 세상에 내 흔적을 남기느라 바쁘지 않다면, 혹은 다른 사람들이 내게 기대하는 일을 하느라 바쁘지 않다면, 나는 무엇을 해야 하는가? 내가 정작 해야 할 일은 무엇인가? 목사가 된다는 것은 무엇인가? 아무도 내게 무엇을 해달라고 하지 않는다면 나는 무엇을 할 것인가?

세 가지를 할 수 있다.

기도하는 목사가 될 수 있다. 나는 하나님과의 관계를 계발하고 싶다. 내 모든 삶이 나를 만드시고 지도하시고 사랑하시는 하나님과—때로는 의식적으로, 때로는 무의식적으로—친밀했으면 좋겠다. 그리고 다른 사람들에게도 기도의 본질과 핵심을 일깨워주고 싶다. 이 공동체 사람들이 망설임이나 이래도 될까 하는 의구심 없이, 기도의 내용과 형식에 대한 지도를 받기 위해서 나를 찾아올 수 있으면 좋겠다. 내게 자신을 계시하시고 나를 이름으로 부르시는 하나님과 더 깊이 대화하는, 고유의 일을 하고 싶다. 하나님의 일을 설명하는 인쇄물을 나누어주고 싶지 않다. 나 자신의 경험으로부터 증언하고 싶다. 다른 사람들이 직접 체험한 영적 생활에 기생하지 않고, 내 모든 감각으로 직접 관여해서 하나님의 선하심을 맛으로도 보고 눈으로도 보고 싶다.

기도의 삶을 발전시키려면 시간이 걸린다는 것을 안다. 따로 떼어놓은, 훈련된, 의도적인 시간이 필요하다. 황급하게 성취할 수 없고, 강단 위에서나 병상 옆에서 기도해주는 것으로도 이룰 수 없다. 나는 바쁘면서 동시에 기도할 수는 없다는 것을 안다. 활동적이면서 기도할 수 있고 일하면서 기도할 수는 있지만, 바쁘면서 기도할 수는 없다. 내면이 쫓기고 산만하면 기도할 수 없다. 기도하기 위해서는 사람들이 내게 하는 말보다 하나님께 더 주의를 기울여야 하고, 요란한 내 자아보다 하나님께 더 주의를 기울여야 한다. 보통 그렇게 하려면 일상의 소음에서 일부러 벗어나야 하고, 만족을 모르는 자아로부터 의식적으로 떨어져 있어야 한다.

설교하는 목사가 될 수 있다. 나는 성경이라고 하는 하나님의 말씀을 내가 함께 사는 사람들의 언어와 리듬으로 말하고 싶다. 나는 매주 그렇게 할 수 있는 명예롭고도 보호받는 시간을 배당받았다. 강단은 위대한 선물이며, 나는 그것을 잘 사용하고 싶다.

나는 '설교를 전하는 것'에는 관심이 없다. 오늘의 필요를 직면하게 도전하거나 반짝거리고 영감 있는 메시지를 주는 것에는 관심이 없다. 학자와 편집자들의 도움을 받으면 그런 식의 제법 괜찮은 설교를 몇 시간이면 준비할 수 있다. 대부분의 회중에서 합격점을 받을 그런 설교 말이다. 최고의 설교라고는 생각하지 않겠지만, 받아들이기는 할 것이다.

그러나 내가 하고자 하는 일은 그런 식으로는 할 수 없다. 나는 성경에 흠뻑 젖어야 한다. 성경공부에 푹 잠겨야 한다. 성경의 내용을 붙잡고 곰곰이 생각하고 성경의 의미를 가지고 개인적으로 씨름해야 한다. 그러려면 설교 준비보다 훨씬 더 많은 시간이 걸린다.

주일마다 우리 교회에 예배하러 오는 사람들이 하나님의 말씀을 전하는 설교를 들으면서 말씀의 권위를 느끼고, 그들이 다름 아닌 자신의 삶의 현장으로 부름 받았음을 알게 되는, 그러한 설교를 하고 싶다. 괜찮은 개요와 산뜻한 예화로는 그렇게 할 수 없다.

그러한 설교는 창조적인 행위로서 고요함과 고독, 강도 높은 집중이 요구된다. 브라운R. E. C. Browne은 "사람을 감동시키는 모든 연설은 누군가의 정신이 가만히 있을 때 만들어졌다"고 말했다. 바쁠 때는 그렇게 할 수가 없다.

듣는 목사가 될 수 있다. 주중에는 자기 인생에서 일어나는 일들을 이야기하러 나를 찾아오는 사람들이 많다. 내게 그들의 말을 정말로 제대로 들을 수 있는 시간과 에너지가 있어서 그들이 이야기를 마쳤을 때 자신의 느낌과 생각을 짐작해주는 사람이 적어도 한 사람은 있다는 사실을 알기 바란다.

　요즘에는 제대로 들어주는 사람이 많지 않다. 사람들은 누군가가 자신의 말을 들어주는 것에 익숙하지 않다. 바쁘다는 핑계로 누군가의 말을 듣는 힘들고도 집중력을 요하는 일을 피하기가 얼마나 쉬운지 나는 안다. 병원에 입원한 환자에게 내가 심방해야 할 사람이 당신 말고도 열 명은 더 있다는 사실을 넌지시 알리는 것처럼 말이다. (심방 '해야' 한다고? 난 누구에게나 '없어도 괜찮은' 사람이고, 지금 여기에 이 사람과 함께 있는데 말이다.) 너무도 많은 심방이, 가서 출근 도장 찍고 사람들에게 우리가 바쁘게, 밥값하며 제대로 일하고 있음을 알리는 일이 되어버렸다.

　목회에서 듣는 행위는 서두르지 않는 여유가 필요하다. 비록 그것이 5분에 불과하더라도 말이다. 여유는 정신의 질이지 시간의 양이 아니다. 그러한 여유로운 분위기에서만 사람들은 정말로 진지하게 상대가 자신의 말을 들으며, 자신이 존엄하게 그리고 중요한 사람으로 대우받고 있음을 안다. 사람들에게 말할 때는 그들의 말을 들을 때만큼의 개인적인 집중이 없다. 내가 스스로에게 하는 질문은 "이번 주에 몇 사람에게 그리스도에 대해서 이야기했느냐?"가 아니라 "이번 주에 몇 사람의 말을 그리스도 안에서 들었느냐?"이다. 누군가의 말을 들은 횟수가 누군가에게 말한 횟수보다 적을 수밖에 없다. 이야기를 들으려면 메시지를 전달할 때보다 언제나 더 많은 시간이 걸린다. 그래서 숫자를 세려는 충동, 내 존재를 정당화해줄 통계를 만들려는 충동을 버려야 한다.

바쁘면 들을 수가 없다. 일정이 꽉 차 있으면 들을 여유가 없다. 다음 약속을 지켜야 하고, 다음 회의에 참석해야만 한다. 그러나 나의 하루에 여백을 둔다면, 들을 시간은 충분하다.

여백으로 가는 수단

"좋아요, 하지만 어떻게 그렇게 하지요?" 약속을 적어두는 예약 달력이라는 도구가 있으면 바쁘지 않을 수 있다. 예약 달력은 목사가 기도, 설교, 듣기를 위한 시간을 확보하고 여유를 얻을 수 있는, (성 바울이 명시하지는 않았지만 그래도 여전히) 성령께서 주신 선물이다. 외부 일정을 막아주는 비서보다 효과적이고, 피정 장소보다 저렴하다. 누구나 아무런 저항 없이 인정하는 것이기도 하다. 한때 성경이 얻었던 권위를 이제는 예약 달력이 물려받았다. 언어의 무오성이라는 신조는 폐기된 것이 아니라 이전되었을 뿐이다.

내가 예약 달력을 가지고 호소하면 비판을 받지 않는다. 누가 찾아와서 어떤 행사에 개회기도를 해달라고 부탁할 때, "미안하지만 어렵겠군요. 그 시간에 기도하려고 했거든요"라고 말하면, "기도는 다른 때 하시면 되잖아요"라는 반응이 돌아온다. 하지만 내가 "선약이 있어서 어렵겠는데요"라고 말하면, 더 이상 묻지 않는다. 위원회에 참석해달라고 누가 부탁할 때, "그날 밤에는 아내랑 외식을 하려고 했는데요. 며칠간 아내의 말을 집중해서 듣지 못했어요"라고 말하면 "하지만 이 회의는 꼭 참석하셔야 해요. 사모님과는 다른 날 시간을 잡으시면 안 되나요?"라는 반응이 돌아온다. 하지만 내가 "약속 일정 때문에 안 되겠네요"라고 말하면 더 이상 왈가왈부할 필요가 없다.

물론 남들보다 먼저 그 달력을 챙기는 것이 요령이다. 나는 기도, 설교, 듣기 같은 창조적인 일들이 나올 수 있는 기도, 독서, 여가, 침묵과 고독을 위한 시간을 미리 표시해둔다.

이러한 핵심 요구들을 충족시키고 나면 다른 일들을 할 시간이 충분하다. 그리고 실제로 다른 일들이 많다. 목사라고 해서 수많은 잡무와 단조로운 행정 업무에서 배제되지도, 배제되어서도 안 되기 때문이다. 그것도 목회다. 그러나 저항과 불안 없이 그러한 일들을 해내는 유일한 길은 먼저 우선순위를 해결하는 것임을 알게 되었다. 본질적인 것들을 돌볼 시간이 없다면, 나는 바쁜 목사가 되어서 지치고 불안해하며 불평하게 된다. 묵상하는 마리아가 아니라 강박에 쫓기는 마르다가 되는 것이다.

몇 년 전에 나는 바쁜 목사였고 허리가 아파 치료를 받아야 했다. 일주일에 세 번 가서 한 시간씩 치료를 받았는데, 그 세 시간 동안 내가 자리를 비운다고 해서 아무도 불평하지 않았다. 그 세 시간 이면에는 예약 달력의 권위가 있어서 신성불가침한 시간이었다.

그러한 경험에 빗대어 나는 내 몸뿐만 아니라 정신과 감정, 영혼과 상상력의 필요들을 챙길 수 있도록 나 자신을 위한 약속을 잡는다. 날마다 성 바울과 하는 30분 회의 외에도, 내 달력에는 표도르 도스토옙스키와의 시간이 일주일에 통으로 2시간 예약되어 있다. 10년 전에 내 몸에 물리치료사가 필요했던 것처럼 내 영혼에는 그 시간이 필요했기 때문이다. 아무도 내게 처방해주지 않는다면 스스로 직접 처방해야 한다.

침착한 작살꾼

허먼 멜빌Herman Melville의 《모비 딕》에 보면 거대한 흰 고래 모비 딕을 쫓아 포경선이 거품을 일으키며 바다를 질주해가는 격렬한 장면이 나온다. 선원들은 온몸의 근육을 긴장한 채 모든 주의력과 에너지를 집중시켜서 정신없이 움직였다. 선과 악의 우주적 갈등이 만났다. 혼돈의 바다와 악마 같은 바다 괴물이 도덕적으로 분개하는 아합 선장과 맞섰다. 그런데 이 배에서 아무것도 하지 않는 사람이 하나 있다. 그는 노를 잡지도 않고 땀을 흘리지도 않고 고함을 치지도 않는다. 서로 부딪히고 욕설이 오가는 가운데서도 그는 나른하게 앉아 있다. 이 사람은 작살을 꽂는 사람이다. 그는 조용히 앉아서 기다리고 있다. 그리고 다음 문장이 나온다. "작살을 가장 효율적으로 던지려면 이 세상의 작살꾼들은 애쓰지 말고 나태하게 있다가 재빨리 일어서야 한다."

멜빌의 이 문장은 시편 기자의 "너희는 가만히 있어 내가 하나님 됨을 알지어다"(시 46:10)라는 말과 이사야의 "너희가 돌이켜 조용히 있어야 구원을 얻을 것이요 잠잠하고 신뢰하여야 힘을 얻을 것이거늘"(사 30:15)이라는 말과 나란히 두어야 할 텍스트이다.

목사들은 이 세상에 근본적으로 문제가 있음을 안다. 우리는 또한 그 일을 어떻게든 해결해보려는 사람들이다. 양심의 부추김, 옛 분노에 대한 기억, 성경적 명령의 도전이 이 세상이라는 무법 상태의 바다로 우리를 끌어들인다. 흰 고래와 다리를 저는 선장이 전투를 벌인다. 전자는 악을 상징하고, 후자는 침해당한 의를 의인화한 것이다. 역사는 영적 갈등을 기록한 소설이다. 그러한 세상에서 소음은 불가피하고 엄청난 에너지가 소모된다. 그러나 배에 작살을 꽂을 사람이 없다면 그 추격은 제대로 끝을 맺을 수 없다. 혹은 작살을 꽂을 사람이 자신의 임무는 제쳐놓고 노를 젓느라 지쳐 있다면, 창을 던져야 할 때 제대로 정확하게 던지지 못할 것이다.

무슨 이유인지는 몰라도, 노 젓기를 자청하는 것이 언제나 더 매력적으로 보인다. 도덕적 대의를 위해 엄청난 수고를 하며, 영원한 결과가 있음을 아는 싸움에 자신의 에너지를 쏟아붓는 일이 더 호소력이 있다. 적에게 받은 옛 상처를 곱씹으며 보복과 복수의 칼을 가는 아합 선장의 분노를 취하는 것이 늘 더 드라마틱해 보인다. 그러나 다른 중요한 일이 있다. 누군가는 작살을 던져야 한다. 누군가는 작살을 던지는 사람이 되어야 한다.

예수님이 사역하는 삶에 사용하신 은유는 단일함, 작음, 조용함의 이미지들인데, 그것은 겉보기보다 훨씬 더 큰 효과를 낸다. 소금, 누룩, 씨앗이 그 예이다. 우리 문화는 그 반대를 강조하며 선전한다. 큼, 다수, 소음. 그렇다면 목사들은 정신없이 노를 향해 달려갈 것이 아니라, 침착하게 준비를 갖춘 작살꾼과 동맹을 맺는 것이 전략적으로 필요하다. 존 오먼John Oman이 사역의 두 가지 악이라고 명명한 '부산함과 걱정'에 엄습당하는 것보다 하나님 앞에서 조용함과 집중력을 배우는 것이 훨씬 더 성경적이다. 부산함은 에너지를 분산시키고, 걱정은 에너지를 막기 때문이다.

수년 전에 나는 이웃 교회의 목사가 떠났는데도 회중의 삶은 잘 돌아간다는 사실을 알게 되었다. 목사라면 누구나 그 사실을 알아채야 한다. 주일 예배는 방문 설교자가 담당하고, 근처에 있는 다른 목사들이 장례식과 결혼식, 위기 상담을 맡았다. 그런 식으로 회중은 담임 목사 없이도 몇 달, 때로는 1년에서 2년을 잘 지냈다. 그래서 나는 생각했다. '저 교회에는 목사가 없어서 내가 이렇게 바쁘게 하는 일들을 다 생략하는데도 아무도 개의치 않아 하는군.' 그러면서 스스로에게 물었다. '내가 만약 떠나지는 않아도 그런 일들을 당장에 그만두면 어떻게 될까? 신경 쓰는 사람이 있을까?' 그래서 나는 그렇게 했고, 지금까지 아무도 신경 쓰지 않고 있다.

3. 전복적 목사 ─────────────────────────────── ○

나는 자아의 왕국을 흔들고 하나님나라를 세우고 있다. 나는 전복
적이다.

나는 사람은 좋으나 중요하지 않은 목사로 비치는 것이 싫다.
예배당을 나서면서 어떤 에너지 넘치는 회사 간부가 "정말 좋
았습니다, 목사님. 하지만 이제는 진짜 세상으로 돌아가야지요,
안 그렇습니까?"라고 말하면 발끈한다. 나는 우리가 가장 진짜
인 세상에 있다고 생각했는데 말이다. 하나님의 것으로 계시된
세상, 하나님의 은혜가 침범했다고 믿는 세상, 그리스도의 십자
가와 부활을 축으로 움직이는 세상에 있다고 생각했는데 말이
다. 그 회사 간부의 말은 나를 멈춰 서게 만든다. 이 사람은 이
일을 진지하게 생각하지 않는구나. 하나님을 예배하는 것이 돈
버는 것보다 못한 일이구나. 기도가 최종 결산 결과보다 못하구
나. 기독교의 구원이 브랜드 선호도에 불과하구나.
　나는 발끈하며 내 중요성을 주장하고 싶다. 하나님의 경륜과
그의 경제에서 내가 차지하는 핵심적인 위치를 강제로라도 인

식시키고 싶다.

그러다가 나는 내가 전복적 존재임을 기억한다. 나의 장기적 효율성은 내가 실제로 어떤 사람인지를 들키지 않는 데 달려 있다. 내가 사실은, 미국식 생활방식이 망할 수밖에 없으며 다른 나라가 현재 비밀리에 형성되면서 그 자리를 대신하려 한다고 믿는다는 것을 그가 안다면, 그는 전혀 좋아하지 않을 것이다. 내가 실제로 하는 일이 무엇이고, 그것이 어떤 변화를 일으키는지 그가 안다면, 그는 나를 해고할 것이다.

그렇다, 나는 실제로 그렇게 믿는다. 나는 이 세상 나라들, 미국, 베네수엘라, 중국이 우리 하나님과 그리스도의 나라가 될 것이라고 믿고, 이 새 나라가 이미 우리 가운데 있다고 믿는다. 그래서 나는 목사를 하는 것이다. 사람들에게 진짜 세상을 소개해주고 그 안에서 살도록 훈련하기 위해서 말이다. 나는 내가 하는 일의 방법이 그 나라의 실재에 부합해야 한다는 것을 일찍감치 배웠다. 미국이라는 나라를 강하게 만드는 방법들, 경제, 군사, 기술, 정보의 방법들은 하나님나라를 강하게 만드는 데는 적합하지 않다. 나는 새로운 방법론을 배워야 했다. 진리를 말하는 것, 사랑하는 것, 기도와 비유를 배워야 했다. 이것은 교외 지역의 생활수준을 높이거나 자아를 최신식 모양으로 다듬어주는 일에는 잘 적용이 되지 않는다.

그러나 내 교구는 미국과 교외 지역과 자아이다. 이 혼합물에 속한 대부분의 사람들은 자신의 목표와 하나님이 그들에게 가진 목표가 같다고 생각한다. 이것은 가장 오래된 종교적 오류이다. 하나님과 우리 사이의 실제적 차이를 인정하지 않고, 하나님을 자신의 욕망과 같은 것으로 막연하게 추정하고 제사장을 고용해서 자아와 그 막연한 추정의 일을 관리하게 한다. 그러나 그렇게 고용된 제사장의 한 사람인 나는 그것을 결코 받아들이지 않을 것이다.

그러나 그들이 원하는 대로 되게 돕지 않을 거라면서 그들의 돈은 왜 받는가? 그것이 바로 전복적으로 일하는 것이다. 자아의 왕국을 흔들고 하나님나라를 세우는 것이다. 나는 전복이라는 방법을 사용해서 그들이 하나님이 원하시는 모습이 되도록 돕는다.

하지만 그것은 부정직한 것 아닌가? 반드시 그렇지는 않다. 나 자신을 거짓되게 나타내는 것이 아니기 때문이다. 나는 단지 내 말과 행위를 진지한 차원에서 대하는 것뿐이다. 그런 내 말과 행위는 그들을 팽팽한 긴장감 속으로 던져넣을 것이다.

목사의 특이한 위치

미국 문화에서 목사들은 특이한 위치를 차지하고 있다. 기독교 공동체들은 예배를 인도하고, 성경을 가르치고 설교하고, 순례자의 길로 인도하고 격려해달라고 우리를 고용한다. 회중 안에서 우리의 지위는 보통 정도의 명예를 누린다. 가끔씩 목사들 중 어떤 인물은 국가적인 명성을 얻고, 밝고 행복한 응원을 보내는 카리스마로 혹은 (그보다는 덜하지만) 아마겟돈을 예측케 하는 무시무시함으로 많은 사람들의 주의를 끈다. 그러나 대부분은 자기 회중에게만 알려지고, 결혼식이나 장례식, 바비큐 파티 같은 예식에 나타날 때를 제외하고는 대중 앞에 나설 일이 없다.

일반적으로 사람들은 우리를 존중하지만, 사회적이나 문화적이나 경제적인 차원에서 우리는 중요하게 여겨지지 않는다. 우리는 보통 패러디에서는 무해하고 순진한 사람들로 취급받고, 풍자에서는 게으른 기생충으로 취급받는다.

우리가 이 일을 하겠다고 했을 때 생각했던 것과는 다른 모습이다. 우리는 그렇게 유순하거나 주변적인 역할을 기대하지 않았다. 우리가 생각한 목사의 이미지는 그보다 훨씬 더 강렬했다. 바로와 대결하는 모세, 입에서 불을 뿜는 예레미야, 사도들의 지도자로 허세 있고 무모했던 베드로, 감옥과 희열, 난파와 케리그마 사이를 누비고 다닌 바울. 우리가 준비하며 훈련받은 하나님나라는 혁명적이고, 왕실과 통치권, 당국과 권세의 인맥에 침입하는 위험하고 반갑지 않은 불청객이라고 배웠다.

우리가 이 일을 준비하면서 배운 언어는 전투의 언어("우리의 씨름은 혈과 육을 상대하는 것이 아니요"), 위험을 알리는 언어("너희 대적 마귀가 우는 사자같이 두루 다니며 삼킬 자를 찾나니"), 엄격

함의 언어("네 십자가를 지고 나를 따르라")였다. 그런데 막상 이 일을 시작하고 보니, 이러한 리더십의 언어를 쓸 기회가 아주 적다는 것을 알게 된다. 그래서 마치 고등학교에서 2년 공부하고 그만둔 제2외국어처럼, 쓰지 않아서 쓸모없어진다.

우리가 엉뚱한 언어를 배운 것인가? 엉뚱한 이미지를 습득한 것인가? 엉뚱한 주인 밑에서 훈련을 받은 것인가?

모든 사람이 우리에게 너무 잘해준다. 우리가 하는 말이 진심이라고 생각하는 사람이 없는 것 같다. 우리가 "하나님나라"라고 말해도 아무도 걱정하지 않는다. 강력한 군대가 곧 국경을 넘어올 태세를 갖추고 있다고 말한 것처럼 반응하지 않는다. (우리는 그렇게 말했다고 생각하고 있는데 말이다.) 우리가 '그리스도', '사랑', '믿음', '평화', '죄'와 같은 급진적인 말들, 다른 시대와 문화에서는 순교를 불러왔던 단어들을 말해도, 마치 야구 점수나 식료품 가격을 말한 것처럼 그냥 대화에 묻혀버린다.

모든 사람이 가게 주인 대하듯 상냥하게 우리를 대하면, 혁명가라는 자아개념을 유지하기가 힘들어진다.

이 사람들이 옳은가? 그들의 삶의 방식이 우리 때문에 위험에 처하지 않았단 말인가? 우리가 하나님과 그분이 우리를 대하시는 방식에 대해 하는 말이 자동차와 농구팀과 신선한 텃밭 시금치만큼 실제적이지 않단 말인가? 자신들의 자아개념을 여론이 압도적으로 거부하는 것을 알게 된 많은 목사들이 문화적 판결에 굴복하고 문화를 섬기는 사제 역할을 받아들인다. 그렇게 하기는 쉽다. 그러나 어떤 목사들은 그렇게 하지 않고, 오히려 문화 속에서 전복적으로 산다.

버지니아 스템 오웬스Virginia Stem Owens는 《리어 왕》 이후로 가장 강력하게 전복적인 인물에 대해서 썼는데, 그는 이 세상을 총이 아니라 진리로 회심시키려고 한다(그러한 사람들 중에는 분명 목사도 포함된다). 그녀가 쓴 책 《그리고 나무들이 손뼉을 친다And the Trees Clap Their Hands》는 반反영지주의 논쟁과 '하나님의 스파이' 음모를 오가며 화려한 연기를 펼친다. 서두에서 오웬스는 목사인 자신의 남편과 함께 있는 상황을 이렇게 설명한다.

우리는 커피숍에 앉아 무심히 지나가는 행인들의 얼굴을 훑는다. 우리는 데이터를 모으고 분류하고 저장하고 있다. 그러나 우리 자신을 과학자라고 부르지는 않는다. 우리는 통제된 실험을 할 수가 없기 때문이다. 인생에는 통제 집단이 있을 수 없다. 그냥 그 순간에 우리에게 주어지는 것, 우리 눈에 보이는 것이 있을 뿐이고 우리는 그것을 숙독한다. 우리는 한계가 있기에 한 번에 한곳에밖에 있지 못한다. 그렇기 때문에 우리는 스스로를 스파이라고 부른다. 실마리를 찾고 그것을 추적해야 하기 때문이다. 인생은 실험실이 아니기에 우리는 있는 대로 가리지 않고 잡아야 한다. 감각을 넓게 펼쳤다가 다시 끌어들이면서 우리가 잡은 것을 연구해야 한다.

내 동료와 나에게는 몇 가지 위장이 있다. 보이지 않는 사냥감의 흔적을 계속해서 살피는 동안—이것이 우리의 주요 직업이다—우리를 위장해줄 일들이 있다. 예를 들어 그는 교회 예산을 관리하고, 이혼한 사람과 미성년 범죄자들을 상담하고, 설교를 작성한다. 그러나 그 모든 일 뒤에서 그는 계속해서 살피며 주의해서 본다. 그가 강단에 설 때도 그는 자신이 추적하는 실마리의 흔적을 담고 있는 꽃가루 먼지 크기만 한 미세한 알곡을 찾아 회중의 얼굴을 훑는다.

그리고 나는 그들 가운데 앉아서 마담 드파르지(찰스 디킨스의 《두 도시 이야기》에 나오는 인물—옮긴이)처럼 듣고 기록하고 관찰하고 기억한다. 부드럽게. 부드럽게. 우리가 얻는 단서들은 작고 금세 사라질 때가 많다. 눈이 1밀리미터 정도 더 커진다거나, 잠시 콧구멍이 수축한다거나, 조용히 숨을 내쉰다거나, 목소리가 살짝 높아진다거나 하는 정도이다. 외양에 가려진 실재를 캐내려면 조금도 방심하지 말고 인내해야 한다. 내가 가진 전부를 요구하는 일이다.

자아의 나라는 강력하게 방어진을 치고 있는 영토다. 에덴동산 이후의 아담과 하와들은 하나님을 존경할 마음은 있지만 자신의 영역으로 침입해오는 것은 원하지 않는다. 대부분의 죄는 단순한 도덕적 과오이거나 나약한 의지가 아니라, 비싼 비용을 들여 열심히 세운, 하나님을 막는 방어벽이다. 신이 된 자아에 공개적으로 전쟁을 선포하고 직접 그것을 공격하는 것은 효과가 매우 적다. 죄를 직접 가격하는 것은 마치 망치로 못을 박는 것과 같다. 못은 더 깊숙이 박힐 뿐이다. 때로 예외도 있고, 전략적으로 지시된 대결도 있지만, 성경이 선호하는 방법은 간접적인 조치다.

전복자 예수

예수님은 체제 전복의 대가이셨다. 마지막까지, 제자들을 포함한 모든 사람이 예수님을 랍비라고 불렀다. 랍비는 중요한 존재이지만 아무 일도 일으키지 않는다. 예수님에게 랍비라는 직함 이상의 것이 있을지도 모른다는 의혹이 일자, 그분은 그 사실이 퍼지지 않게 하려 하셨다. "아무에게도 말하지 말라."

예수님이 가장 좋아하셨던 연설 형식인 비유도 전복적이었다. 비유는 평범한 이야기로 들린다. 땅과 씨앗, 식사와 동전과 양, 강도와 희생자, 농부와 상인들에 대한 가벼운 이 이야기들은 전적으로 종교성과는 거리가 멀다. 복음서에 기록된 40여 개의 비유들 중에서 단 하나만 그 배경이 교회이고, 두 개 정도만이 하나님이라는 이름을 언급한다. 예수님이 하시는 이러한 이야기들을 들으면, 사람들은 그것이 하나님에 대한 이야기가 아님을 바로 알아차리고 자신들의 주권이 위협당할 만한 것이 하나도 없다고 생각했다. 그래서 경계를 늦추었다. 그들은 자신의 상상력에 자리 잡은 그 이야기의 의미가 무엇인지 의아해하며 다소 당혹스런 심정으로 그 자리를 떠났다. 그러다가 그 이야기는 무방비 상태로 있던 그들의 마음에서 시한폭탄처럼 폭발해버리고 그들 발밑에선 심연이 열린다. 이게 사실은 하나님에 대한 이야기가 맞고, 그들은 침범당한 것이다!

예수님은 끊임없이 평범한 삶 곁에 평범하지 않은 이야기들을 던지셨고(영어로 비유를 뜻하는 단어는 parable인데, *para*는 '곁에'라는 뜻이고, *bole*은 '던지다'라는 뜻이다) 설명도, 영접 요청도 없이 그 자리를 뜨셨다. 그 후에야 청자들은 그 연결고리들을 보기 시작했다. 하나님과의 연결고리, 생명과의 연결고리, 영원과의 연결고리들을 말이다. 자명하지 않고 관련 있어 보이지 않아서 오히려 관련성이 자극된다. 하나님, 생명, 영원과의 관련성을 인식하게 된다. 그러나 비유가 그렇게 만든 것은 아니다. 비유는 청자의 상상력을 작동시켰을 뿐이다. 비유는 쉽게 이해하게 해주는 예화가 아니라, 상상력을 요구하기 때문에 오히려 더 어렵다. 그런데 그렇게 상상력을 사용하다보면 자신도 모르는 사이에 믿음에 이르게 된다.

비유는 전복적으로 우리의 방어벽을 슬쩍 넘어 들어간다. 그러나 일단 성 안으로 들어오면 방법이 달라져서 갑자기 총검을 휘두르고 결국에서는 쿠데타가 일어나지 않을까 하는 우리 예상과는 달리 그런 일은 일어나지 않는다. 우리의 인격이 존중되고 보존된다. 하나님은 밖에서 강제로 자신의 실재를 우리에게 부과하지 않으신다. 하나님은 안에서부터 꽃과 과일을 길러내신다. 하나님의 진리는 외부의 침입이 아니라 사랑에 찬 구애이다. 그리고 평범한 우리 생활은 그 나라에서 잉태와 성장과 성숙을 이루는 씨앗이다. 비유는 우리의 상상력을 신뢰한다. 이 말은 우리의 믿음을 신뢰한다는 뜻이다. 가장의 권위로 우리를 교실로 몰아넣고 억지로 설명을 듣게 만들지 않는다. 군대에 집어넣어 똑같은 도덕적 규칙에 맞춰 행군하게 만들지 않는다.

당시(와 지금도) 복음의 내용 중에서 상관없어 보여서 간과되고, 흔해서 무시되고, 불법이어서 거절당하지 않은 것이 거의 없다. 그러나 각각의 이야기는 관습과 개연성을 넘어 효과적으로 그 나라를 시작했다. 사생아 임신(당시에 사람들은 그렇게 여겼다), 헛간에서의 출생, 나사렛에서의 침묵, 갈릴리에서의 세속성, 안식일의 치유, 겟세마네의 기도, 범죄자로서 죽음, 세례를 주는 물, 성만찬의 빵과 포도주. 이것이 전복이다.

전복자의 가정假定

전복은 세 가지를 함의한다. 하나는 현재 상황이 잘못되었고 그것을 타도해야 이 세상이 살만해진다는 것이다. 이 세상은 너무 심하게 잘못되었기 때문에 보수는 소용이 없다. 이 세상은, 심하게 부서진 자동차의 경우처럼, 차라리 수리하지 않는 게 낫다.

둘째, 살만한 다른 세상이 태어나려 하고 있다. 그것은 비현

실적인 희망이 아니다. 비록 보이지는 않지만, 존재한다. 그 나라의 성격이 어떤지도 알려졌다. 전복자는 이상주의적 꿈이 아니라, 실제 세상의 본질에 대한 확신에 따라 행동한다.

셋째, 군사력이나 민주적 선거처럼 한 나라가 타도되고 다른 나라가 세워지는 일반적 방법은 쓸 수 없다. 힘이 우세지도 않고 다수의 표를 얻은 것도 아니라면, 변화를 가져올 다른 방법을 찾아야 한다. 그 방법이 전복이다. 우리는 그 일을 할 동지들을 찾고 그들을 환영한다.

시인 아몬스A. R. Ammons는 1986년에 60세 생일을 기념하는 인터뷰에서 "시는 전복적입니까?"라는 질문을 받았다. 그는 이렇게 대답했다. "그렇습니다. 아마 상상도 못하실 겁니다. 매우 전복적입니다. 의식은 종종 변두리에서 매우 강렬한 수준에 도달하곤 합니다. 거기에서 일반적인 방법들에 의문을 제기하고 그 기반을 약화시키지요. 청중은 마지막까지 변화에 저항하지만, 나중에는 그것에 감사합니다."

이 세 가지가 바로 복음이 함의하는 확신이다. 그러나 교구 생활이 흔히 함의하는 확신은 아니다. 회중은 이미 임한 하나님 나라의 모습에 가까우며 다 같이 힘을 모아 조금만 더 노력하면 그렇게 될 것이라는 검증되지 않은 가정을 하는 경우가 더 많다. 특히 목사들은, 수 세기에 걸친 반증에도 불구하고, 회중에 속한 모든 사람, 혹은 적어도 다수의 사람을 설득하여 의롭게 만들 수 있다고, 심지어 거룩하게 만들 수도 있다고 생각한다.

목사가 기독교 교리를 정확히 알아야 한다는 것은 누구나 인정하는 사실이다. 그러나 기독교 전복의 기술을 노련하게 쓸 줄 알아야 한다는 것은 소수만이 인정하는 확신이다. 예수님은 진리이면서 동시에 길이시다. 복음이 전달되는 방법도 제시되는 진리와 마찬가지로 그 나라의 한 부분이다. 왜 목사들은 진리에는 전문가이면서 그 방법에서는 탈락자들인가?

목회적 전복을 익히고 그 기술을 터득하려면 스파이 소설을 읽으면서 공산주의의 침투 전략을 관찰하는 것도 좋지만, 우리가 주의를 기울이기만 한다면 성경구절만큼 좋은 것이 없다.

여호와 앞에 크고 강한 바람이 산을 가르고 바위를 부수나 바람 가운데에 여호와께서 계시지 아니하며 바람 후에 지진이 있으나 지진 가운데에도 여호와께서 계시지 아니하며, 또 지진 후에 불이 있으나 불 가운데에도 여호와께서 계시지 아니하더니 불 후에 세미한 소리가 있는지라(왕상 19:11-12).

여호와께서 스룹바벨에게 하신 말씀이 이러하니라. 만군의 여호와께서 말씀하시되 이는 힘으로 되지 아니하며 능력으로 되지 아니하고 오직 나의 영으로 되느니라(슥 4:6).

너희는 세상의 소금이니(마 5:13).

천국은 마치 사람이 자기 밭에 갖다 심은 겨자씨 한 알 같으니, 이는 모든 씨보다 작은 것이로되 자란 후에는 풀보다 커서 나무가 되매 공중의 새들이 와서 그 가지에 깃들이느니라(마 13:31-32).

내가 너희 중에서 예수 그리스도와 그가 십자가에 못 박히신 것 외에는 아무것도 알지 아니하기로 작정하였음이라. 내가 너희 가운데 거할 때에 약하고 두려워하고 심히 떨었노라(고전 2:2-3).

불행히도 목사들은 전복이라고 하는, 끊어진 적이 없는 이 성경적 방법론을 손쉽게 폐기하고 대신에 공격이나 선전을 택할 때가 많다. 두 가지 이유에서 그럴 수 있는데, 바로 허영과 순진함이다.

허영. 우리는 잔치가 열리는 세상에서 짝도 없이 한쪽 구석에 서 있고 싶지 않다. 목회를 준비하는 백인 남자들이 줄고 있다는 최근 연구에서 내린 결론은 그 직업이 더 이상 명망 있는 직업이 아니기 때문이라는 것이다. 흥미롭게도 명망 같은 것은 신경 쓰지 않고 전복적으로 일해온 사람(흑인, 아시아인, 여성)들이 그 공백을 대신하고 있다. 떠돌아다니며 천막을 만든 바울의 일에도 명망 따위는 없었다.

순진함. 우리는 교회를 이미 하나님나라로 생각하고 더 잘 조직하고 동기부여만 잘하면 이 세상을 정복할 수 있으리라고 생각한다. 그러나 성경이나 역사 그 어디에도 교회가 하나님나라와 동의어였던 적은 없다. 교회는 많은 경우 세상보다 더 세상적이다. 교회와 하나님나라를 동일시하다가 그것이 잘못된 것으로 드러나면 우리는 '속은 것' 같은 기분이 든다. 미국 목사들이 겉으로는 웃지만 속에는 분노와 냉소주의가 가득한 것도 당연하다. 우리는 종교에 대한 바르트의 비판과 죄, 특히 영적 죄에 대한 단테의 분석을 새롭게 배울 필요가 있다.

전복의 도구

기도와 비유는 전복적 목사의 밑천이다. 조용한(혹은 시끄러운) 골방 기도 생활을 통해 모든 인간의 마음과 계속해서 씨름하시는, 거룩함의 대결을 벌이시는 성령과 동반자 관계가 된다. 비유는 거짓된 진부함을 넘어서 그리스도의 진리로 인간의 정신을 침범하고 의식을 바꾼다.

이것이 바로 진짜 세상에서 우리가 하는 가장 중요한 일이다. 그러나 우리는 계속해서 설득해야 한다. 우리가 위해서 기도하는 사람들과 우리가 비유를 들려주는 사람들은 자신의 돈과 야망으로 이 세상이 돌아가고 있다고 생각하도록 유혹을 받고 있다. 그러한 사람들이 너무 많고 우리는 너무 적어서 우리의 신념을 유지하기가 힘들다. 그들과 함께 유혹받기가 쉬운 것이다.

이 세상의 진짜 일은 말이 다 한다. 하나님과 함께한 기도의 말, 사람들과 함께한 비유의 말. 말과 성례전, 비유와 기도가 무대 뒤에서 벌이는 일이 유혹받은 세상을 전복한다. 목사가 진짜로 하는 일은 이반 일리히Ivan Illich가 '그림자 일'이라고 부른 것이다. 아무도 그 일로 돈을 받지도 않고 알아보는 사람도 거의 없지만 구원의 세상을 만들어내는 의미와 가치와 목적, 사랑과 희망과 믿음의 세상, 짧게 말해서 하나님나라를 만들어내는 일이다.

4. 묵시적 목사 ─────────────────○

거대한 하늘의 침입과 긴박한 믿음의 결단이 마치 천둥번개처럼 우리의 의식 속으로 밀고 들어오는데, 주일 아침에 한가롭게 돌아다니며 이 세상이 얼마나 나쁜지, 이 새로운 청지기 캠페인이 얼마나 멋진지 잡담이나 하면서 시간을 보낼 수는 없다.

묵시적이라는 형용사는 **목사**라는 명사와 자주 쓰이는 형용사가 아니다. 같은 문장 안에 나란히 놓이는 것을 본 기억이 없다. 그 둘은 서로 다른 경로를 따라 성장했다. 나는 이 두 단어 사이에서 큐피드의 역할을 해서 둘의 사귐을 유발하려고 한다.

묵시적이라는 단어에는 야생적 울림이 있다. 종말의 광란, 재난 같은 긴박감이 있다. 이 단어는 역사가 통제되지 않고 일상이 절망적일 때 사용된다. 하늘에서 떨어지는 것이 폭탄인지 별인지 확신할 수 없을 때, 사람들이 돼지 떼처럼 낭떠러지로 달려갈 때, 그것을 '묵시적'이라고 한다. 이 단어는 무시무시하고 불안하다.

목사는 위로가 되는 단어다. 어두운 그늘에서 덜덜 떨고 있을 때 자신 있게 시편 23편을 인용하는 사람. 목사는 하나님을 조용히 경배하도록 우리를 불러모은다. 목사는 영원하신 하나님의 신실함과 사랑을 대변하고 일요일마다 제시간에 나타나 하나님이 세상을 이토록 사랑하신다고 다시 말해준다. 목사는 험한 세상에 다리가 되어, 방황하는 발을 인도해 다시 길을 가게 한다. 목사라는 단어는 안전과 축복, 연대와 평화를 계속해서 연상시킨다.

하지만 내가 이 두 단어를 함께 쓰는 데에는 성경적 이유가 있다. 성경의 마지막 책은 목사가 썼는데, 그가 쓴 책이 묵시록이다. 성경의 마지막 말을 남긴 성 요한은 묵시적 목사였다.

나를 목사라고 부르는 사람들 대부분이 나를 오해한다. 그들의 오해는 전염성이 있어서 나도 나 자신을 오해하게 된다. 나는 누구인가? 내가 정말로 해야 하는 일은 무엇인가? 주변을 둘러본다. 질문을 던진다. 미국이라는 풍경에서 목회에 대한 이미지들이 어떤지 정찰해본다. 목사는 무슨 일을 하는가? 목사는 어떤 모습인가? 교회와 문화에서 목사가 차지하는 자리는 어디인가? 종교 소비자의 요구에 대한 최신 마케팅 연구 결과와도 같은 직무 설명서가 내게 주어진다. 그러나 거기에는 이미지도, 이야기도 없다. 성 요한은 내게 이미지와 이야기를 준다. 그리고 감사하게도 직무 설명서는 백지다. 나는 그가 목사들의 수호성인이라고 생각한다.

성 요한은 내가 되고 싶은 목사다. 내 존경심은 거기에서 멈추지 않는다. 내 동료들도 그와 같은 목사가 되었으면 좋겠다. 그를 또 한 명의 월급쟁이 종교인이 아니라, 대가로 만든 에너지의 원천을 찾다보면 묵시의 요소가 핵심임을 알게 된다.

에른스트 케제만Ernst Käsemann은 "묵시는 모든 기독교 신학의 어머니였다"라고 했는데, 많은 사람이 그것을 성경의 독특한 입장으로 생각한다. 그렇다면 묵시는 모든 기독교 목회의 할머니인지도 모른다. 초대교회 그리스도인들은 예수님의 부활이 새 시대를 열었다고 믿었다. 그들은 보이는 것과는 달리 실제로는 하나님나라에서, 진리와 치유와 은혜의 나라에서 살고 있었다. 이것은 실재이지만 믿지 않는 눈은 볼 수 없고 믿지 않는 귀는 들을 수 없다.

목사는 교회 공동체 안에서 현재 보이는 세상과는 다른 이러한 하나님나라의 실재를 반복해서 강조하는 사람이고, 따라서 묵시적일 수밖에 없다. 묵시라는 말의 사전적 의미는 단순히 '계시'라는 뜻이다. 무엇인가에 가려 있던 것을 드러내어 거기에 무엇이 있는지를 보게 해주는 것이다. 그러나 그 단어의 맥락을 보면 흑백 같은 사전적 정의에 밝고 어두운 색채, 진홍빛 긴박함과 보랏빛 위기가 더해진다. 박해의 위기와 임박한 종말의 긴박함 아래서 실재가 갑자기 본색을 드러낸다. 우리는 삶이 참으로 평범하다고 생각했다. 죄의 습관이 자유로운 믿음을 따분한 도덕주의와 점잖은 지루함으로 칙칙하게 만든다. 그러다가 위기가 닥치면 일상의 진부한 껍데기가 벗겨지고 천국과 지옥의 찬란함과 공포가 나란히 드러난다. 묵시는 방화다. 상상력에 몰래 불을 붙여서 비만한 문화 종교의 지방을 태우고 깨끗한 복음의 사랑, 순수한 복음의 희망, 정화된 복음의 믿음을 가져온다.

나는 위기와 긴박감에 대한 불연성을 갖추려고 최선을 다하는 미국 그리스도인들의 목사로 30년간 지냈다. 금송아지 문화에 영향을 받지 않으면서 이 사람들과 함께 살고 이들을 사랑할수 있는 방법이 있을까? 어떻게 하면 종교 소비자들이 드나드는 가게의 계산원이 받는 사례와 혜택에 안주하지 않을 수 있을까? 목사라는 거룩한 부름이 촉망받는 종교 판매업으로 변태되는 것을 어떻게 피할 수 있을까?

방법은 바로 이것이다. 내 상상력을 성 요한의 묵시, 즉 종말의 위기와 하나님이라는 긴박함의 결합에 굴복시키고 묵시의 에너지가 나를 목사로 정의하고 규정하게 하는 것이다. 그렇게 하면 목사로서 내 인생은 기도와 시와 인내로 단순해진다.

묵시적 기도

묵시적 목사는 **기도한다**. 성 요한의 목회 소명은 그의 무릎에서 나왔다. 그는 기도 행위를 자기 일의 축으로 삼고, 모든 사람의 일에서도 그것이 축임을 보여주었다. 목사가 하는 일이 다른 그리스도인이 하는 일과 다를 바는 없지만, 때로는 더 집중적이고 가시적이다. 기도는 기독교 공동체의 축이 되는 행위이다.

계시록에 보면 도입 문장 몇 개 다음에 기도의 장소에서 기도하는 요한을 만나게 된다(1:9-10). 장소: "밧모 섬에 있었더니." 기도: "주의 날에 내가 성령에 감동되어." 일곱 회중의 목사라는 복잡한 임무를 맡았고 또 **계시록**이라는 신학 시도 쓴 그는 결코 기도의 장소를 떠나지 않고, 기도의 행위도 버리지 않는다. 그 책의 마지막에도 그는 여전히 기도하고 있다. "아멘, 주 예수여 오시옵소서"(22:20). 성 요한은 하나님의 말씀을 듣고, 하나님 앞에서 잠잠하고, 하나님께 노래하고, 하나님께 질문한다. 듣기와 침묵, 노래와 질문이 실재와 놀랍게 접하고, 로마의 광경과 소리 그리고 구원의 광경과 소리가 섞인다. 천사와 장터, 카이사르와 예수가 섞인다. 성 요한은 놓치는 게 별로 없다. 그는 깨어 있고 살아 있는 목사다. 그는 성경을 읽고 그 내용을 흡수한다. 뉴스를 읽고 그 영향을 느낀다. 그러나 고대의 성경도 현재의 사건도 자신에게 오는 대로 그냥 받아들이지 않고 전부 기도로 바꾼다.

성 요한은 성령이라는 보이지 않는 세계와 로마시대라는 보이는 세계의 경계에서 산다. 그 경계에서 그는 기도한다. 기도는 이 두 실재를 연결하고, 우리가 살고 있는 장소와 우리를 찾고 계시는 하나님을 생생하게 연결한다.

그러나 기도는 공식적인 경우를 제외하고는 목사들이 자주 요청받는 일은 아니다. 대부분의 목회는 기도를 약화시킨다. 그 이유는 자명하다. 사람들은 자기 인생에 하나님이 들어오는 것을 불편해 한다. 그들은 부담도 덜하고 격식도 덜한 것을 선호한다. 말하자면, 목사 같은 존재를 원한다. 안심시켜주고, 쉽게 다가갈 수 있고, 편안한 사람. 사람들은 하나님보다는 목사에게 이야기하는 편이 낫다고 생각한다. 그래서 누가 딱히 의도하지 않았는데도 기도는 옆으로 밀려난다.

따라서 목사들은 사람들을 하나님의 현존으로 데려오는 기도를 실천하는 대신에 자신이 메시아 노릇을 한다. 사람들을 교정하고 그들에게 무엇을 해야 할지 알려주면서 하나님 대신 그분의 일을 해주고, 우리 모두가 지금은 너무 바쁘기 때문에 십자가로 가는 긴 여정을 쉽게 끝내는 지름길을 찾는 일에 공모한다. 그렇게 하면 사람들은 우리를 무척 좋아한다. 하나님의 자리를 대신하는 일은 사람을 으쓱하게 만든다. 이렇게 신처럼 대우받으면 기분이 매우 좋다. 우리는 대체로 그 일을 제법 잘 해낸다.

묵시에 대한 의식은 그러한 메시아적 목회에 경고의 호루라기를 분다. 거대한 하늘의 침입, 긴박한 믿음의 결단, 나쁜 영향을 미치려는 문화의 위험, 이러한 것들이 천둥과 번개를 수반하며 우리의 의식 속으로 쏟아져 들어오는데, 일요일 아침에 한가롭게 돌아다니며 이 세상이 얼마나 나쁜지, 이 새로운 청지기 캠페인이 얼마나 멋진지 잡담이나 하면서 시간을 보낼 수는 없다.

묵시를 조금이라도 인식하고 있다면, 인부들을 데려와서 집 정원의 도덕적(혹은 비도덕적) 일부분을 손보려는 쾌활한 현장 감독처럼 행동할 수는 없다. 우리는 기도해야 한다. 하나님이 이 세상에 침입했고, 우리는 그 하나님을 상대해야 한다.

기도는 우리가 인간으로서 하는 가장 철저한 **현재적** 행위이며 가장 열정적 행위다. 기도는 이제 막 지나간 과거와 이제 곧 올 미래를 연결하여 유연하고 살아 있는 관절을 만든다. 아멘은 이제 막 일어난 일을 모아 이제 일어날 일의 마라타나 안으로 들어가게 하고 축복의 기도를 낳는다. 우리는 하나님께 집중하고 다른 사람들도 하나님께 집중하도록 지도한다. 많은 사람들이 하나님께 집중하기보다는 차라리 자신의 생활수준이나 자기 이미지, 혹은 이 세상에 흔적을 남기고픈 열정에 집중하기를 원한다는 것은 중요하지 않다.

묵시는 실재에 틈새를 낸다. 이 실재는 하나님이다. 그 앞에서 예배하든 도망가든 할 수 있을 뿐이다.

묵시적 시인

묵시적 목사는 **시인**이다. 성 요한은 기독교 교회의 첫 주요 시인이었다. 그는 새로운 방식으로 말을 사용해서 우리 눈앞에서 진리를 만들어내고(그리스어로 시인을 뜻하는 *poétés*는 '만드는 사람'이라는 뜻이다) 우리 귀에 새로운 울림을 준다. 목사가 언어를 사용하는 방식은 목회에 매우 중요하다. 기독교 복음은 언어에 뿌리를 두고 있다. 하나님은 말씀으로 이 창조 세계를 있게 하셨다. 우리 구세주는 육신이 되신 말씀이시다. 시인은 정보 전달이 우선 목적이 아니라 관계를 **만들고**, 아름다움을 **이루고**, 진리를 **형성하기** 위해 말을 사용하는 사람이다. 이것이 바로 성 요한이 한 일이고, 모든 목사가 해야 할 일이다.

내 말은 모든 목사가 시를 쓰거나 운을 맞춰 말해야 한다는 것이 아니라 존경심으로 말을 대하고, 하나님 말씀뿐 아니라 평범한 말 앞에서도 경외심을 가지고, 언어에도 거룩함이 있음을 깨달아야 한다는 것이다.

성 요한의 계시록은 시로 읽지 않으면 그 내용을 이해할 수 없다. 사실 그렇기 때문에 계시록을 이해 못하는 경우가 많다. 이미지를 요리하고 은유를 풍부하게 사용하는 성 요한은 자신의 말이 거대한 리듬의 반복 안으로 들어가도록 작업한다. 복음은 이미 자신이 목회하는 이 사람들에게 알맞게 선포되었고, 그들은 베드로와 바울에서 비롯되고 복음서 저자들과 수많은 집사, 장로, 순교자에 의해 전수된 설교와 가르침을 통해 그리스도인이 되었다. 그러나 성 요한은 그러한 근원과 인지적 연결을 시키는 것 이상의 일을 하고자 한다. 목사로서 그는 복음을 다시 말하고 다시 작업해서 회중이 단순한 말이 아니라 하나님의 말씀을 경험하게 해준다.

목사의 임무는 복음 앞에서 기도의 상상력을 형성하는 것이다. 예수님을 통해서 계시된 이 하나님은 너무도 크고 에너지로 가득 차 있는 반면, 믿고 사랑하고 소망할 수 있는 우리의 능력은 너무 위축되어 있어서 능력 있는 그 말을 듣고, 활력 넘치는 그 이미지를 보려면 도움이 필요하다.

성경을 해석하는 책임을 맡은 목사들이 시에 그토록 무관심한 것이 이상하지 않은가? 성경의 많은 부분이 시의 형식을 취하고 있는데 말이다. 이것은 심각한 결함이며 반드시 해결해야 한다. 기독교 공동체 전체가 시를 재발견해야 하고, 목사는 그 일에 앞장서야 한다. 시는 목회 소명의 본질이다. 왜냐하면 시는 근원적인 언어이기 때문이다. 말은 창조적이다. 인지, 관계, 신앙 등 전에는 없던 것들을 존재하게 한다. 침묵의 심연에서 소리가 형성된다. 사람들은 전에 듣지 못했던 것을 듣고 그 소리 때문에 외로움이 사랑으로 변한다. 텅 빈 심연에서 은유를 통해 그림이 형성된다. 사람들은 전에 보지 못했던 것을 보고 그 이미지 때문에 익명에서 사랑으로 변한다. 말은 창조한다. 하나님의 말씀은 창조한다. 우리의 말은 그 창조에 참여할 수 있다.

그러나 장례식에서 인용하는 경우를 제외하고, 시는 흔히 목사들에게 요구되는 언어가 아니다. 대부분의 목회는 시를 약화시킨다. 그 이유는 자명하다. 사람들은 창조성의 불확실성과 위험과 수고가 불편하다. 그것은 시간이 너무 많이 걸리는 일이다. 너무 모호하다. 사람들은 산문을 더 편하게 여긴다. 그들은 성경 역사에 대한 설명과 하나님에 대한 정보를 선호한다. 목사에게는 그것이 더 매력적이다. 왜냐하면 목사는 나누어줄 정보가 많고 설명에 능숙하기 때문이다. 그러나 산문으로 몇 년간 이야기하다보면 우리의 말은 진부해져버린다.

그때 묵시는 우리의 말을 멈추게 한다. 믿음을 창조하는 말의 능력, 악의 합리주의에 저항하는 상상력의 힘, 예배와 증언을 통해 인격적으로 말하고 들을 사람을 만들어낼 필요성이 우리를 멈추게 한다. 묵시의 긴박함은 언어의 뿌리까지 흔들고 우리는 시인이 된다. 핵심 언어, 인격적 언어, 성경적 언어에 주의를 집중하게 된다.

모든 말이 창조하는 것은 아니다. 어떤 말은 단순히 의사소통만 한다. 설명하고 보고하고 묘사하고 관리하고 알려주고 규제한다. 우리는 의사소통에 집착하는 시대에 살고 있다. 그러나 의사소통이 좋기는 해도 그것은 버금일 뿐이다. 무엇인가를 알아서 우리 삶이 크게 좋아진 적은 없는 것 같다. 목사가 말로 해야 하는 일은 의사소통이 아니라 교제다. 하나님, 서로 다투는 그분의 자녀들, 우리가 놓고 싸우는 창조 세계 사이에 사랑하는 관계를 치유하고 회복하고 창조하는 것이다. 시는 교제 안에서, 교제를 위해서 말을 사용한다.

이것은 힘든 일이고 민첩함을 요구한다. 이 시대에 언어는 참

혹한 상황에 놓여 있다. 함부로, 냉소적으로 언어가 사용되고 있다. 교회 안팎에서 언어는 선전 도구가 되어버렸다. 목사가 오용되고 남용된 언어를 기도와 설교와 지도로 끌어들일 때마다 하나님의 말씀은 격이 떨어진다. 선한 목적에 나쁜 방법을 사용할 수는 없다.

단순히 진리를 전달하는 것이 아니라 진리를 **만드는 말**. 전례와 이야기와 노래와 기도는 시인인 목사들이 하는 일이다.

묵시적 인내

묵시적 목사는 인내한다. 성 요한은 교구민들에게 자신을 이렇게 소개한다. "나 요한은 너희 형제요 예수의 환난과 나라와 참음에 동참하는 자라"(1:9). 여기에서 '참음'은 그리스어로 '하이포모네*hypomone*'인데, 견디는 것, 버티는 것이라는 뜻으로서 묵시가 예상하지 못한 그러나 가장 주목할 만한 성취이다.

그 둘의 연관성은 모호하다. 모든 게 다 허물어지고 이 세상이 곧 끝난다면 인내도 끝이 아닌가? 서둘러 도망가야 하는 것 아닌가? 내일이면 죽을 텐데 먹고 마시고 즐기지 못할 이유가 무엇이란 말인가? 사생아 묵시, 즉 성경적 근원이나 복음적 헌신이라는 혈통에 속하지 않은 묵시는 무책임한 자손들을 생산하는 게 사실이다. (그리고 그런 놈들이 미국의 모든 거리에 시끄럽게 나돌아다니는 것도 사실이다.) 그러나 진짜 묵시, 거룩한 결혼 안에서 잉태된 묵시는 열정으로 인내하며, 얼마나 오랜 시간이 걸리고 얼마나 많은 비용이 들건 하나님나라를 증언하고 그 나라를 위해 일하는 데 용감하게 헌신된 공동체를 키운다. 묵시의 양육을 받는 집단은 주로 주변부에 있는 억압받고 착취당하는 집단들이다.

성 요한은 무척이나 다급해하지만 서두르지는 않는다. 그의 책에 나타나는 서두르지 않는 긴박함을 보라. 계시록을 읽으려면 시간이 오래 걸린다. 빨리 읽을 수도 없고, 미묘하고도 영광스런 시적 환상으로 들어가려면 반복해서 다시 읽어야 한다. 성 요한은 광대하고 여유 있는 반복을 통해 우리를 태고의 리듬으로 끌어들인다. 참을성 없는 사람은 결코 이 책을 끝내지 못한다. 우리는 성 요한의 묵시록을 읽고 듣는 바로 그 행위에서 인내를 배운다. 성 요한에게 참을성이 없었다면 그는 우리에게 표어나 인쇄해서 주었을 것이다.

성 요한이 인내를 강조하는 이유는 그가 하나님의 거대한 신비와 엉망진창인 인간 조건의 복잡함을 다루기 때문이다. 이것은 시간이 좀 걸리는 일이다. 신비도 엉망진창도 단순하지 않다. 엉망진창의 역사에서 거룩한 삶을 배우려면 세대를 넘나드는 차원에서 생각하고 세기의 단위로 생각해야 한다. 묵시적 상상력은 지질학자들이 '깊은 시간'이라고 부르는 것을 가늠할 수 있는 재능을 준다. 시간 관리 전문가들의 강박을 초월하면서 동시에 가장 사소한 화석의 존재도 존엄하게 여기는 '시대'에 대한 감각을 준다.

그러나 목사들이 일하는 환경은 인내를 약화시키고 조급함을 보상해준다. 사람들은 신비(하나님)와 엉망진창(자기 자신)을 불편해한다. 그들은 프로그램을 만들고 자신들을 관리해줄 목사를 고용해서 신비와 엉망진창을 둘 다 회피한다. 프로그램은 구조를 정해주고 달성 가능한 목표를 준다. 그러면 신비와 엉망진창은 단박에 제거된다. 이것은 매력적이다. 은혜의 신비와 인간의 죄의 복잡함 한가운데서, 매달 평가할 수 있고 자신이 어디쯤 서 있는지를 알아볼 수 있는 무엇인가가 있으면 안도가 된다. 우리 자신이나 하나님과 대면하지 않아도 되고, 종교 용어를 사용하고 하나님을 인정하는 환경에서 일하면서 우리가 무언가 의미 있는 일을 하고 있다는 확신을 가질 수 있다.

놀라운 은혜도, 완고한 죄도 아니고, 프로그램이 의제를 정하면 목사는 인내하지 않아도 된다. 목표를 정하고 전략을 짜고 그리스도인 군사를 몇 명 모집해서 그냥 일하면 된다. 그리고 2-3년 후에 군사들이 성과를 내지 못했다면 발에서 먼지를 털고 또 다른 용병들이 있는 집단의 우두머리로 가면 된다. 회중이 우리의 야망에 쓸모가 없어지면 버리고 다른 회중을 찾아간다. '더 큰 사역'이라는 허울 좋은 이름으로 말이다. 많은 경우 그렇게 하면 우리의 조급함은 더 큰 사례로 보상을 받는다.

묵시는 이를 용납할 수 없는 착취라고 폭로한다. 묵시는 우리가 절박한 상황에 같이 처해 있다고 납득시킨다. 옆 동네 위원회나 옆 교구의 떡이 더 큰 게 아니다. 중요한 것은 하나님을 예배하고 악을 해결하고 신실함을 키우는 것이다. 묵시는 긴박함을 유발하면서도 지름길과 서두름의 불은 끈다. 왜냐하면 시간은 하나님의 손에 있기 때문이다. 신문이 아니라 섭리가 우리가 사는 시대를 설명해준다.

목회에서 조급함은, 즉 **참기**를 거부하는 것은 노천 채굴과도 같다. 최소의 비용으로 얻을 수 있는 것을 탐욕스럽게 갈취한 후, 버리고 또 다른 곳으로 약탈하러 가는 것이다. 묵시에서 충실함이 비롯된다. 하나님에 대한 충실함은 물론이고 사람, 교구, **장소**에 대한 충실함이 나온다.

성 요한은 인내했고, 촉망받지 못하는 자신의 일곱 회중의 그리스도인들에게 인내하라고 가르쳤다. 그러나 그것은 묵시적 인내이다. 지루함을 묵인하거나 누가 밟아도 묵묵히 받아들이는 인내가 아니다. 영광스런 복음을 패스트푸드 종교로 축소시키는 것을 경멸하는 거대한 침엽수의 인내이다. 주말을 성령과 함께 보내겠다고 추월 차선을 타고 요란 떨며 가는 것을 경멸하는 레이니어 산의 인내이다. 거대한 침엽수가 자라기까지 얼마나 오랜 시간이 걸렸는가? 레이니어 산을 세우기까지 얼마나 오랜 시간이 걸렸는가? 묵시는 우리를 오래고도 거대한 것 안으로 밀어넣는다. 성 요한과 그의 회중과 함께 우리는 장소와 사람에 대한 충실함을 배운다. 그것은 엉망진창인 역사 가운데 하나님의 신비 앞에서 도덕적·영적·전례적 삶을 사는 것이 얼마나 복잡한지에 경의를 표하는 신실한 인내이다.

　미국 종교는 메시아적인 허세를 부리는 에너지와 당황스러울 정도로 진부한 산문과 조급하고 부산하게 움직이는 야망으로 유명하다. 그러나 전부 성경과는 거리가 멀다. 복음 이야기는 그러한 것을 전혀 지지하지 않는다. 오히려 그러한 것들은 질병이라고 말한다. 목사들은 자신이 진단하고 치료할 책임이 있는 질병을 오히려 퍼트리는, 미처 감지 못한 보균자가 될 위험에 처해 있다. 우리에게는 가장 강력한 예방책이 필요하다. 성 요한의 묵시적 기도와 시와 인내 같은 것 말이다.

2부

일요일과
일요일 사이

✝

그리스도를 경외함으로 피차 복종하라
(엡 5 : 21).

임종의 순간에 드리는 마지막 기도는 '제발'
이 아니라 '감사합니다'일 것이라고 나는 생
각한다. 마치 손님이 문을 나서며 주인에게 인
사하는 것처럼 말이다. … 신은 장난스럽지 않
다. 이 우주는 농담이 아니라 엄숙하고 불가해
한 진지함으로 만들어졌다. 가늠할 수 없이 비
밀스럽고 거룩하고 신속한 권력에 의해 만들
어졌다. 그것을 무시하든지 아니면 보든지 하
는 수밖에 없다. 그래서 나는 설교자 빌리 브
레이처럼 내 길을 가고, 내 왼발은 '영광'이라
고 말하고, 내 오른발은 '아멘'이라고 말한다.
_애니 딜라드, 《자연의 지혜》

1. 살아가는 일 한가운데서 사역하기 ················○

주일 예배 때 그토록 분명했던 목사라는 나의 비전이 월요일부터 토요일까지는 혼란과 아픔에 빠진 사람들의 눈에 반사되어 흐릿해지고 왜곡된다.

일요일은 어렵지 않게 보낼 수 있다. 예배당은 깨끗하고 질서 잡혀 있고, 그것이 상징하는 바가 분명하며 사람들은 예의 바르다. 내가 할 일도 잘 안다. 이 사람들을 예배로 인도해서 그들에게 하나님의 말씀을 선포하고 성례를 거행할 것이다. 할 말과 갖춰야 할 자세를 준비했고, 사람들도 준비된 상태로 잘 차려입고 기대하는 마음으로 나타날 것이다. 일요일 아침에 찬송가를 부르고 성경을 강해하고 믿음의 헌신을 하고 기도를 드리고 세례를 주고 우리 주님의 생명을 먹고 마시면서 수 세기의 전통이 여기에 합류한다. 나는 이 일이 무척 즐겁다. 일요일 아침 일찍 눈을 뜨면 아드레날린이 내 혈관을 타고 흐른다.

그러나 일요일의 해가 지고 나면 그 명쾌함이 사라진다. 월요일부터 토요일까지는 말도 못하게 제멋대로인 사람들이 거룩한 장소를 진흙 발로 오가며 지저분하게 만든다. 예배의 질서는 논쟁과 의심, 통증에 시달리는 육체와 혼란에 빠진 감정, 말을 듣지 않는 아이들과 엉뚱한 일을 벌이는 부모들의 무질서에 자리를 내준다. 내가 무슨 일을 하는지 모를 때가 많다. 방해를 받는다. 내가 답할 수 없는 질문을 받는다. 내가 적절하게 다루지 못하는 상황에 놓이게 된다. 내 적성도 취향도 아닌 일을 시도하는 나 자신을 보게 된다. 주일 예배 때 그토록 분명했던 목사라는 비전이 나를 자신들의 자아의 볼모로 보는 사람들의 눈에 반사되어 흐릿해지고 왜곡된다. 일요일에 반갑게 인사하며 경험했던 확신이, 나를 깎아내리고 책망하는 태도 앞에서 진흙에 미끄러지듯 위태로워진다.

일요일은 중요하다. 축하의 날이고 본질의 날이다. 일주일 가운데 이 첫날은 주님의 부활이 우리 삶을 규정해주고 그 삶에 활력을 주며 나머지 날들에도 부활의 영향을 미친다. 그러나 일요일과 일요일 사이의 엿새도 마찬가지로 중요하다. 축하의 날은 아니지만 부활이 형성되는 날이기에 중요하다. 대부분의 목회가 그 엿새 동안에 일어나기 때문에 동일한 관심을 주어야 하고 살아가는 일 한가운데서 기도의 기술을 실천해야 한다.

심령이 가난한 자는 복이 있나니

겨울의 너도밤나무,

하얀색 얽힘을 드러내고

푸른 하늘과 부풀어 오른

구름 틈에 서서 그 비워냄 안에

완숙함을 담는다.

신호만 떨어지면 수액은 오르고,

봉우리는 잎으로 터질 준비를 한다.

그리고 여름 한철이 지나가면 가느다란 고리가 남아

풍요롭게 채워진 약속을 기억한다.

지혜로운 가난으로 다시 비워지면

가지는 하늘을 향해 1밀리미터를

더 뻗어가고

줄기는 아주 살짝 확장되고

뿌리는 단단한

기초 안으로 더 깊이 밀고 내려간다,

잎이 다 떨어졌음에 감사하며.

놓아주어야 함을 해마다 상기시키는 낙엽이다.

목사들이 일하는 방식에 개혁이 일고 있는지도 모른다. 16세기 신학 개혁만큼이나 중요한 개혁이 될 수도 있다. 그러기를 바란다. 그러한 징조가 계속 나타나고 있다.

개혁자들은 믿음에 의한 칭의라는 성경의 교리를 회복했다. 신선하고 개인적이고 직접적인 복음 선포가 세월이 지나면서 거대하고 육중한, 쓸데없이 복잡한 기계가 되어버렸을 때였다. 정교하게 고안된 교회의 기어와 도르래와 레버가 우르릉 끽끽 하고 소리를 내며 의미심장하게 돌아가지만, 기껏 하는 일이라고는 아주 사소한 것에 불과했다. 개혁자들은 성경이 명백하게 말하는 개인적 열정과 명쾌함을 회복했다. 이렇게 직접 참여를 재발견함으로써 신선함과 활력이 생겼다.

우리 시대의 소명 개혁은, 만약에 그러한 일이 일어난다면, 영혼을 치료하는 목회의 재발견이 될 것이다. 다소 고전적으로 들리는 말이다. 실제로도 고전적이다. 그러나 한물 간 것은 아니다. 영혼 치료는 죄와 슬픔에 맞서는 끝없는 전쟁과 은혜와 믿음의 부지런한 계발을 내가 아는 한 가장 잘 조화시키는 표현이다. 세대를 막론하고 최고의 목사라면 누구나 이 일에 자신을 바쳤다. 이 문구가 특이하게 들리기 때문에 오히려 오늘날의 목회가 얼마나 거기서 멀어졌는지에 주목하게 만드는 유익한 작용을 할 수도 있다.

이 옛 정체성을 발견한 목사는 비단 나뿐이 아니다. 갈수록 많은 목사들이 이러한 목회 방식을 받아들이고 있으며, 그를 통해 스스로의 진정성을 확인하고 있다. 그러한 사람이 많지는 않다. 우리 같은 사람이 결코 다수는 아니다. 눈에 띄는 소수도 아니다. 그러나 한 사람 한 사람씩 목사들은 자신에게 주어진 직무 설명서를 거절하고 이 새로운, 아니 사실은 기독교 역사에서 거의 늘 사용되었던 옛 직무 설명서를 취하고 있다.

그 숫자가 임계질량에 달해서 목사들 사이에서 진정한 소명의 개혁이 일어날 수도 있다는 생각은 단순한 환상이 아니다. 개혁까지 일어나지는 않는다 하더라도, 내가 보기에 그것은 오늘날 목회에서 일어나는 가장 중요하고 창의적인 한 가지 일이다.

일요일에 목사들이 하는 일과 평일에 목사들이 하는 일에는 분명한 차이가 있다. 우리가 일요일에 하는 일은 지난 세월 별로 변하지 않았다. 복음을 선포하고 성경을 가르치고 성례를 시행하고 기도를 드린다. 그러나 평일에 하는 일은 급격하게 달라졌는데, 발전한 것이 아니라 변질되었다.

100년 전까지만 해도 목사들이 평일에 한 일과 일요일에 한 일은 같은 종류였다. 맥락은 달랐다. 모인 회중과 함께 있는 대신에 목사는 한 사람이나 소그룹과 함께 있거나 아니면 홀로 연구하고 기도했다. 태도도 달랐다. 선포 대신에 대화를 했다. 그러나 일은 같았다. 성경의 의미를 발견하고, 기도의 삶을 발전시키고, 성숙하게 자라도록 인도했다.

이것이 바로 영혼 치료라는 역사적 명칭이 붙은 목회다. 라틴어로 '쿠라cura'의 첫 번째 의미는 '돌봄'인데, '치료'라는 함의가 있다. 영혼은 인성의 본질이다. 그렇다면 영혼 치료란 성경이 지시하고 기도가 형성하는 돌봄이며, 개인으로든 그룹으로든, 세속적이고 불경한 환경에 있는 사람을 향한 것이다. 그것은 중심에서 작업하겠다는 결의, 본질에 집중하겠다는 결의이다.

그러나 오늘날 미국 목사들이 평일에 하는 일은 교회 운영이다. 나는 안수 받기 불과 며칠 전에 그 표현을 들었다. 30년이 지난 지금도 그 말이 주었던 불쾌한 인상을 기억한다.

내가 매우 존경하는 목사와 같이 여행하는 중이었다. 나는 비전과 열정에 가득 차서 앞으로의 목회를 기대하고 있었다. 이제 조금 있으면 목사 안수를 통해 목회로 부름 받은 나의 내적 확신이 다른 사람들의 확인을 받을 것이다. 하나님이 내게 원하시는 일과 내가 원하는 일, 다른 사람들이 내게 원하는 일이 이제 곧 하나가 될 찰나였다. 선배 목사와 신부들에 대한 글을 여럿 읽으면서 나는 목회란 날마다 사람들 사이에서 기도의 삶을 개발하는 것이 우선 목적이라는 사실에 깊은 인상을 받았다. 일요일에 예배를 인도하고 복음을 설교하고 성경을 가르치는 일이

나머지 엿새로 발전하여 나날의 인간사에서 그리스도의 삶을 대변하게 할 것이다.

이러한 생각들로 가득 차 있는데, 친구 목사와 주유를 하려고 주유소에 들렀다. 사교적이었던 내 친구는 그곳 직원과 농담을 주고받았다. 대화 중에 이런 질문이 나왔다.

"무슨 일을 하세요?"

"교회를 운영합니다."

나는 깜짝 놀랐다. 물론 목회에는 기관 운영도 포함되어 있다는 것을 알았지만, 내가 하는 일을 그러한 책임으로 규정하리라고는 한 번도 생각해본 적이 없었다. 그러나 안수를 받는 순간, 목사들과 교단 중직들과 교구민들은 나를 그렇게 규정한다는 것을 알게 되었다. 내게 처음으로 주어진 직무 설명서에는 기도가 완전히 생략되어 있었다.

내 목회 정체성이 그레고리우스와 베르나르, 루터와 칼뱅, 키더민스터Kidderminster의 리처드 백스터Richard Baxter와 리틀 기딩 Little Gidding의 니콜라스 페라르Nicholas Ferrar, 조지 허버트와 조나단 에드워즈, 존 헨리 뉴먼과 알렉산더 화이트, 필립스 브룩스와 조지 맥도날드에 의해 형성되는 동안, 나도 모르는 새 목회는 (일요일만 제외하고) 거의 완전히 세속화되어 있었다. 나는 그것이 마음에 들지 않았고, 잠시 혼란에 빠져 방향 감각을 상실했다가 결심했다. 영혼의 의사가 되는 것이 교회 운영보다 우선이며, 내 목회 소명과 관련해서는 동시대인보다 현명한 선배들의 지도를 받겠다고. 다행히도 나는 그것에 동조하는 동료들을 만날 수 있었고, 내 직무 설명서를 바꾸는 일에 동참할 준비가 된 교구민들을 만날 수 있었다.

영혼 치료가 (예를 들어 병원 원목이나 목회 상담가 같은) 특수 사역이 아니라 목회의 본질이라는 사실을 분명히 해야 한다. 이것은 목회를 종교적 차원으로 축소시키는 것이 아니라 주중의 의무와 만남과 상황을, 기도를 가르치고 믿음을 발전시키고 아름다운 죽음을 준비시키는 원재료로 사용하는 삶의 방식이다. 영혼 치료라는 용어는 세속화 문화가 들여오는 것들을 걸러낸다. 그리고 기도의 삶이 거룩한 날의 선포와 주중의 제자도를 연결해준다고 확신하는 선조들과 사역 동료들—평신도건 목회자건—과 우리를 동일시해주는 용어이기도 하다.

주의할 점은, 내가 영혼의 치료를 교회 운영과 대조하기는 하지만 오해받고 싶지는 않다는 것이다. 나는 교회 운영을 경멸하지도 않고, 그 중요성을 무시하지도 않는다. 나 자신도 교회를 운영하고, 20년이 넘게 그렇게 했다. 그리고 잘하려고 애쓴다.

그러나 나는 아내와 더불어 우리 집을 운영하는 것과 같은 정신으로 교회를 운영한다. 우리가 (항상은 아니지만) 종종 즐겁게 수행하는 본질적인 일과가 있다. 그러나 집을 운영하는 것이 우리 일은 아니다. 우리는 가정을 꾸리고 결혼생활을 발전시키고 자녀들을 양육하고 손님을 환대하고 일과 놀이의 삶을 추구한다. 내가 거부하는 것은 목회를 기관 운영의 의무로 축소시키는 것이지 그 의무 자체가 아니다. 나는 기쁘게 그 의무를 교회의 다른 사람들과 함께한다.

사람들의 기대를 완고하게 거절하면서 마치 17세기의 보좌 사제처럼 별나게 목회를 해서는 안 된다. 그 별난 보좌 사제가 오늘날의 목회자보다 훨씬 더 정신이 온전하다 하더라도 말이다. 평일에 하는 목회 본질의 회복은 이 시대의 세속화된 기대와 긴장 관계 속에서 시행되어야만 한다. 협상, 토론, 실험, 대립, 조정이 있어야 한다. 영혼을 인도하는 일에 헌신한 목사는 자신에게 교회 운영을 기대하는 사람들 틈에서 그 일을 해야 한다. 아무 생각 없이 자신이 우리에게 직무 설명서를 써주는 사람인 양 생각하는 사람들과 단호하면서도 부드러운 긴장을 유지하면서 원래의 일을 회복하는 것이 가능하다고 나는 확신한다.

그러나 영혼의 그 거대한 영토를 되찾는 일을 자신의 중요한 책임으로 삼으려는 목사라면, 목회 현장을 떠나 재교육을 받는 것으로는 소기의 목적을 달성할 수 없다. 계속해서 사역하면서 그것을 해내야 한다. 그 일이 우리 자신만이 아니라 우리가 맡은 사람들도 탈세속화시키는 일이기 때문이다. 소명의 회복이라는 임무는 신학 개혁만큼이나 끝이 없다. 목사나 교구에 따라 세부 내용은 다르지만, 교회 운영과 영혼 회복 사이에는 누구나 경험하는 세 가지 대비 영역이 있다. 바로 주도권, 언어, 문제들이다.

주도권

교회를 운영할 때는 내가 주도권을 잡는다. 내가 지휘한다. 동기부여와 채용에 대한 책임, 길을 보여주고 일을 시작하는 책임을 내가 진다. 내가 하지 않으면 일이 제대로 돌아가지 않는다. 사람들이 무관심해지는 경향이 있고, 게을러지기 쉽다는 것을 알기 때문에 내 리더십 위치를 사용해서 그것을 막는다.

그와 달리 영혼의 치료는 하나님이 이미 주도권을 쥐셨음을 인식하는 것이다. 이 진리를 정의하는 전통 교리는 선행先行이다. 모든 곳에 계신 하나님이 언제나 주도권을 쥐신다는 뜻이다. 하나님이 일을 이루신다. 예나 지금이나 하나님이 운을 떼신다. 선행은 내가 등장하기 전에, 여기에 내가 할 일이 있음을 인식하기 전에, 하나님이 부지런히, 구속적으로, 전략적으로 일하고 계셨다는 확신이다.

영혼의 치료는 인간의 무기력함에 무관심하지 않고, 회중의 고집스러움에 무지하지 않고, 신경증적 완고함에 부주의하지 않는다. 대신에 우리가 하는 모든 것—정말 말 그대로 모든 것—은 하나님의 첫 일, 하나님이 개시하신 행위에 대한 반응이라는 훈련된, 단호한 확신이 있다. 우리는 이미 진행 중인 하나님의 행동에 주의하는 법을 배워서 전에는 들리지 않던 하나님의 말씀이 들리고, 전에는 무관심했던 하나님의 행동을 주시하게 된다.

교회를 운영할 때는 이런 질문을 던진다. 우리는 무엇을 해야 하는가? 어떻게 하면 다시 일이 돌아가게 할 수 있는가?

영혼을 치료할 때는 이런 질문을 던진다. 하나님은 여기에서 무엇을 하셨는가? 이 인생에서 내가 분별할 수 있는 은혜의 흔적들은 무엇인가? 이 집단에서 내가 읽어낼 수 있는 사랑의 역사는 무엇인가? 내가 참여할 수 있는, 하나님이 시작하신 일은 무엇인가?

우리 자신을 출발점으로 삼고 현 상황을 기본 데이터로 삼으면 실재를 오해하고 왜곡하게 된다. 옴짝달싹 못하는 인간 조건에 맞서 시간을 아끼며 그것을 바꾸려는 대신에 하나님이 선행하신 것을 보고 어떻게 하면 제때에 제대로 된 방식으로 거기에 참여할까 분별한다.

영혼 치료에는 이전 회의, 아마도 내가 참석하지 않았을 회의의 회의록을 읽어내는 시간이 필요하다. 대화에 참여할 때, 위원회와 만날 때, 혹은 가정을 방문할 때 나는 이미 오랫동안 진행 중이었던 상황으로 들어가는 것이다. 하나님이 그 진행의 핵심이셨고 현재도 그렇다. 성경적 확신은 하나님이 '내 영혼을 한참 전에 선행하셨다'는 것이다. 하나님이 이미 시작하셨다. 회의에 늦은 사람처럼, 나는 하나님이 이미 결정적인 말씀을 하시고 결정적으로 행동하신 복잡한 상황 안으로 들어가는 것이다. 꼭 그 사실을 선언해야 하는 것은 아니지만, 하나님이 하시는 일을 발견하고 그에 적합하게 사는 것이 내가 할 일이다.

언어

교회를 운영할 때 나는 설명하는 언어, 동기부여의 언어를 사용한다. 나는 오해가 없도록 사람들이 제대로 알고 있기를 바란다. 또 일을 해내기 위해서 사람들이 동기부여가 되어 있기를 바란다. 그러나 영혼의 치료에서는 그들이 무엇을 알고 무엇을 하는지보다 그들이 그리스도 안에서 어떤 사람이고 어떤 사람이 되어가는지에 훨씬 더 관심이 있다. 그 일에는 설명하는 언어나 동기부여의 언어가 별로 도움이 되지 않는다는 사실을 곧 알게 된다.

설명하는 언어는 무엇에 **대한** 언어다. 거기에 있는 것을 명명한다. 실재를 바라보게 한다. 복잡한 미로에서 길을 찾을 수 있게 해준다. 이 언어를 가르치는 것이 학교가 전문적으로 하는 일이다. 동기부여의 언어는 무엇을 **위한** 언어다. 일을 해내기 위해서 말을 사용한다. 명령하고 약속하고 요청한다. 그러한 말은 사람들이 자기 주도력으로는 할 수 없는 일을 하게 만든다. 광고 산업이 이러한 언어의 기술을 가장 잘 사용한다.

이러한 언어들이 없어서는 안 되지만, 우리 인간성에 더 본질적이고 믿음의 삶에 훨씬 더 기본적인 언어가 있다. 그것은 바로 **인격의** 언어다. 여기서는 자기 자신을 표현하고 대화하고 관계를 맺기 위해서 말을 사용한다. 이 언어는 '~에게'와 '~와 함께'의 언어다. 사랑을 주고받고 생각을 발전시키고 감정을 표현하고 침묵을 존중한다. 이 언어는 우리가 어릴 때, 연애할 때, 시를 쓸 때, 기도할 때 자발적으로 쓰는 언어다. 교회 운영에서는 이러한 언어가 등장하지 않는다. 할 말과 할 일이 너무도 많기 때문에 단순히 존재할 시간이 없으며, 따라서 그 언어가 등장할 기회가 없다.

영혼의 치료는 사물의 중심에서, 가장 자기다운 곳에서, 믿음과 친밀감의 관계가 개발되는 곳에서부터 일하겠다는 결심이다. 따라서 그때의 일차적 언어는 '~에게'와 '~와 함께'의 언어이며, 사랑과 기도라는 인격의 언어다. 목회 소명을 실현하는 일차적 장소는 과목을 가르치는 학교가 아니고, 돌격 부대가 악을 공격하기 위해 보고를 받는 병영이 아니라, 사랑을 배우고 생명이 태어나고 친밀감이 깊어지는 가정이다. 목회의 임무는 인간성의 가장 기본 차원에 적합한 언어를 사용하는 것이다. 설명하는 언어가 아니라, 동기부여 하는 언어가 아니라, 자발적인 언어, 즉 외침과 감탄, 고백과 감사 같은, 마음이 말하는 언어를 사용하는 것이다.

물론 우리가 가르쳐야 할 것도 해야 할 일도 많지만, 우리의 일차적 임무는 존재하는 것이다. 따라서 영혼 치료에 사용하는 일차적 언어는 대화와 기도다. 목사가 된다는 것은 인격적 유일성이 강화되고 개인적 존엄성이 인정받고 존중받는 언어를 사용하는 법을 배운다는 것이다. 그것은 서두르지 않고 강요되지 않고 들뜨지 않는 언어다. 친구와 연인들의 여유로운 언어이며,

또한 기도의 언어이기도 하다.

문제들

교회를 운영할 때는 내가 문제를 해결한다. 두세 사람이 모인 곳에는 문제가 발생하기 마련이다. 자아가 상처를 받고, 절차가 꼬이고, 준비한 것이 혼란에 빠지고, 계획이 틀어진다. 기질들이 충돌한다. 조직의 문제, 결혼 문제, 직장 문제, 자녀 문제, 위원회 문제, 감정 문제들이 있다. 누군가는 해석하고, 설명하고, 새로운 계획을 짜고, 더 나은 절차를 개발하고, 조직하고, 관리해야 한다. 대부분의 목사들이 이 일을 좋아한다. 나도 좋아한다. 문제 해결을 돕는 일은 만족스럽다.

여기에서 어려운 점은 문제가 끊임없이 생기기 때문에 문제 해결이 일상 업무가 되어버린다는 것이다. 그 일이 유용하고 보통은 목사들이 잘 해내기 때문에, 우리는 본말이 전도된 사실을 알아차리지 못한다. 가브리엘 마르셀Gabriel Marcel은 인생이란 해결해야 할 문제가 아니라 탐험해야 할 신비라고 했다. 이것은 확실히 성경적인 입장이다. 인생은 자신의 기지로 손질하고 관리해야 하는 것이 아니라 가늠할 수 없는 선물이다. 우리는 믿기 힘든 사랑, 당혹스런 악, 창조, 십자가, 은혜, 하나님이라는 신비에 잠겨 산다.

세속화된 마음은 신비 앞에서 공포에 떤다. 그래서 목록을 만들고 사람들을 분류하고 역할을 주고 문제를 해결한다. 그러나 해결된 인생은 축소된 인생이다. 이렇게 경직된 사람들은 위대한 믿음의 위험을 무릅쓰거나 설득력 있는 사랑의 대화를 하지 않는다. 그들은 신비를 부인하거나 무시하며, 인간 존재를 관리와 통제와 고정 가능한 것으로 축소시킨다. 우리는 설명하고 해결해주는 전문가들을 추종하는 세상에 산다. 우리 주변의 방대한 기술 장치들은 우리가 지불만 할 수만 있다면 어떤 문제의 도구든 구할 수 있다는 인상을 준다. 영적 기술자의 역할에 고정된 목사들은 그 역할이 다른 모든 것을 흡수하지 않게 해야 하는 곤경에 처한다. 고쳐야 할 것들, 그리고 실제로 고칠 수 있는 것들이 참으로 많기 때문이다.

그러나 마리안 무어Marianne Moore는 "이러한 모든 소동보다 중요한 것이 있다"고 말했다. 영혼의 인도자였던 그는 '이러한 소동'보다 '그 너머의 것'이 더 중요하다고 주장한다. 목사 외에 또 누가 이 일을 할 수 있을까? 아마도 몇몇 시인이 가능할 것이고, 아이들은 언제든지 할 수 있을 것이다. 그러나 아이들은 좋은 인도자가 아니며, 대부분의 시인들은 하나님에 대한 흥미를 잃어버렸다. 그렇다면 이러한 신비 속을 인도해갈 사람은 목사들밖에 없다. 세기에 세기를 이어가며 우리는 자신의 양심, 열정, 이웃, 하나님과 더불어 산다. 우리의 관계에 대해 이보다 협소한 관점은 우리의 진짜 인간성에 부합하지 않는다.

목사들이 모든 아이를 해결해야 할 문제로 대하고, 모든 배우자를 다루어야 할 문제로 보고, 성가대나 위원회에서 일어나는 모든 충돌을 판결해야 할 문제로 보는 일에 공모하는 것은 자신의 가장 중요한 일을 저버리는 것이다. 가장 중요한 일이란, 살아가는 일 한가운데서 예배를 인도하고, 평일의 모순과 혼란 속에서 십자가의 존재를 발견하고, '평범한 것의 광채'에 주목하게 하고, 무엇보다도 이 순례의 친구들과 동료들에게 기도의 삶을 가르치는 것이다.

3. 눈 뜨 고 기 도 하 기 ────────────────── ○

애통하는 자는 복이 있나니

순식간에 쏟아지는 눈물, 급류처럼 흐르는 그것이
잔인한 협곡을 침식하고
평화로운 세월 속에 뉘여
오래전에 잊힌 삶의 단층을 드러낸다.
황무지의 아름다움.
그 태양은 소협곡과 메사mesas의 색채로 매일 하루를 장식하고
과거의 모든 흉터와 슬픔의 상처도 드러낸다.
눈물은 그 상처를 깨끗하게 씻어내고
치료되게 내버려둔다.
언제나 그렇듯 한두 세대는 걸린다.
어떤 고통도 지나간 것은 추하지 않다.
자비 아래서 모든 상처는
되어가는 무엇의 거대한 사슬을 이루는 하나의 화석.
단조롭고 고된 기도는 종종

죽음의 계곡에서 그 화석을 발견한다.

작가 애니 딜라드Annie Dillard는 장 칼뱅이 성경을 해석한 것처럼 창조 세계를 해석했다. 칼뱅이 모세와 이사야와 바울을 해석할 때 보여준 열정과 지성을 딜라드는 사향쥐와 흉내지빠귀에 대해서 보여준다. 그녀는 창조 세계라는 책을 숙련된 문서 비평가의 세심함과 강렬함으로 읽으면서 손에 넣을 수 있는 지성과 정신의 모든 도구로 저자의 의미를 파헤치고 질문하고 캐낸다.

칼뱅도 창조 세계에 무관심하지 않았다. 그는 우리 주변의 세계를 '하나님의 영광의 극장'이라고 종종 불렀다. 그는 우주의 요소들을 배열하는 창조주의 놀라운 행위에 대해서도 글을 썼다. 그는 창조 교리의 신학적 중요성을 확신했고, 성육신의 온전함을 끊임없이 위협하는 영지주의와 마니교에 맞서기 위해서 그 교리를 이해하는 것이 얼마나 중요한지 알았다.

물질은 실재한다. 육신은 선하다. 창조 세계에 굳건히 뿌리를 두지 않으면 종교는 경건한 감상주의나 세련된 지성주의로 흘러가버린다. 구원의 임무는 너무도 견고한 이 육신이 거치적거리지 않도록 순수한 영혼으로 우리를 정제하는 것이 아니다. 우리는 천사가 아니며 천사가 될 것도 아니다. 말씀은 좋은 생각이나 신비로운 느낌이나 도덕적 열망이 되지 않고, 육신이 되셨다. 그리고 지금도 육신이 되신다. 우리 주께서는 떡과 포도주를 먹고 마시는 행위를 통해서 자신을 기억하고 받으라고 명령하셨다. 물질은 중요하다. 물리적인 것은 거룩하다. 성경의 서두에서 하나님이 에너지와 물질의 세계—사랑과 미덕, 믿음과 구원, 소망과 심판이 아니라(물론 머지않아 그러한 것들도 등장하지만), 빛, 달, 별, 땅, 식물, 동물, 남자, 여자—를 말씀으로 존재하게 하신다는 사실은 매우 중요하다. 창조 세계가 없다면 언약은 아무런 구조도 맥락도 없고 실재에 근거하지도 않는다.

칼뱅은 이것을 다 알고 받아들이고 가르쳤다. 그러나 신기하게도 그는 극장으로 들어가는 표를 사서 거기서 직접 그 공연을 본 것 같지는 않다. 그는 대부분의 사역을 스위스 제네바에서 했다. 제네바는 이 지구상에서 정말로 아름다운 곳 중 하나다. 그런데 그는 단 한 번도 하늘을 배경으로 펼쳐져 있는 산들을 이야기하지 않는다. 우레 같은 산사태 소리에도 아무런 경외심을 나타내지 않는다. 그가 알프스 목초지에 피어난 보석 같은 꽃들에 감탄하며 멈춰 섰다는 증거가 하나도 없다. 그에게는 책에서 고개를 들어 그 도시를 장식하는 하늘을 가득 담은 호수 앞에서 묵상하는 버릇이 없었다. 그는 성경 해석에서 잠시 눈을 돌려 극장에 간 적이 없다. 심지어 하나님의 영광이라는 그 합법적 극장에도 말이다.

하나님의 영광을 바라보는 통로 쪽 좌석

애니 딜라드에게는 그 극장의 정기권이 있었다. 날마다 그녀는 자신의 통로 쪽 좌석에 앉아서 그 공연을 보았다. 그녀는 창조 세계의 드라마에 사로잡혔다. 《자연의 지혜*Pilgrim at Tinker Creek*》는 1년에 걸쳐 그 극장에 가서 본 내용을 기록한 묵상일기이다. 그녀는 숨이 멎을 듯한 경외감에 사로잡힌다. 그래서 울다가 웃다가, 혼란스러웠다가 경악했다가 한다. 그녀는 결코 무비판적인 관람객이 아니다. 중간 휴식 시간이면 그녀는 아무런 거리낌 없이 작가나 공연의 결함을 찾아낸다. 그녀는 다 맘에 들어 하지는 않고, 어떤 장면에서는 혐오감에 가까운 감정을 느끼기도 한다. 그러나 그녀는 늘 다시 돌아와서 결국에는 일어나 박수를 치며 앙코르를 외친다.

임종의 순간에 드리는 마지막 기도는 '제발'이 아니라 '감사합니다'일 것이라고 나는 생각한다. 마치 손님이 문을 나서며 주인에게 인사하는 것처럼 말이다. 비행기에서 떨어지면서 사람들은 그 대기를 뚫고 내려오며 계속해서 감사하다고 외치고, 바위에는 차가운 객차들이 그들을 기다리고 있다. 신은 장난스럽지 않다. 이 우주는 농담이 아니라 엄숙하고 불가해한 진지함으로 만들어졌다. 가늠할 수 없이 비밀스럽고 거룩하고 신속한 권력에 의해 만들어졌다. 그것을 무시하든지 아니면 보든지 하는 수밖에 없다. 그래서 나는 설교자 빌리 브레이Billy Bray처럼 내 길을 가고, 내 왼발은 '영광'이라고 말하고, 내 오른발은 '아멘'이라고 말한다. 그림자 개울을 들락거리며, 위로 갔다 아래로 갔다, 의기양양했다가 어리둥절했다가하며, 찬양하는 은 트럼펫 한 쌍에 맞춰 춤을 춘다.

《자연의 지혜》는 딜라드가 28세였던 1974년에 출간되었다. 퓰리처상을 수상하면서 널리 칭송을 받았지만 그 칭송이 오래가지는 않았다. 그 후로 그녀가 쓴 어떤 글도 그만한 주목을 받지 못했다. 이것은 불행이다. 왜냐하면 미국 영성이 그녀를 필요로 하기 때문이다.

딜라드의 가식 없는 태도(퓰리처상을 받았다는 전화가 왔을 때 그녀는 소프트볼 게임에서 2루수를 하고 있었다)와 (긴 금발에 애교 있게 웃음 짓는) 젊어 보이는 미모 때문에 사람들이 그녀를 신비 신학가로 진지하게 받아들이지 않는지도 모른다.

이후의 책들에서 그녀는 자신의 영성을 발전적으로 표현해나갔다. 《견고한 거룩함Holy the Firm》(1977)에서는 걷잡을 수 없고 잊을 수 없는 아픔 속에서 고통과 한바탕 겨룬다. 《돌에게 말하는 법 가르치기Teaching a Stone to Talk》(1982)에서는 대서양에서부터 태평양까지 미국의 동서를 가로지르며 신성한 목소리와 현존을 포착하고자 깨어서 정보를 수집하고 망을 본다. 《소설로 살다Living by Fiction》(1982)에서는 약간 방향을 바꾸어서 사람들이 말로 만들어내는 것(소설)에서 의미를 찾는데, 하나님이 말씀으로 창조하신 것을 관찰할 때처럼 비판과 관상의 훈련을 사용한다. 초기 시집인 《기도 바퀴를 얻는 표*Tickets for a Prayer Wheel*》에는 나중에 산문으로 발전시킨 글과 이미지들이 많이 나온다.

팅커 개울에 나타난 하나님의 세계

그림자 개울Shadow Creek. 처음 출발은 생명이 솟구쳐 오르는 팅커 개울이었다. "창조자께서 갑자기 부적절하게 보일 정도로 활기에 넘쳐서, 그리고 가늠할 수 없는 근원에서 나오는 에너지로, 이리저리 다니기 시작하셨다. 도대체 여기에서 무슨 일이 일어나고 있기에…이토록 모든 것이 자유롭게 마치 개울처럼 거침없이 흐르며, 이토록 자유롭게 얽히며 일어나는가? 자유는 이 세상의 물이고 날씨이며, 이 세상이 자유롭게 주는 영양분이다. 흙이고 수액이다. 그리고 창조자는 활기 넘치는 것을 좋아하신다."

그러던 어느 날 밤, 산책 중에 팅커 개울은 사라지고 그림자 개울이 제방을 가로막는다. 개울에서 의미가 새어나가버렸다. 아름다움 대신에 우둔함이 자리 잡았다. 그래도 그녀는 찬양한다. 어두운 형체들이 침입했다. 거대한 물장군, 잠자리의 끔찍한 입술, 사마귀의 턱, 살아 있는 생물체의 10퍼센트를 구성하는 기생충들(그녀는 그것을 '마귀의 십일조'라고 부른다). 난폭함, 통증, 배려 없음, 낭비. "그림자는 빛이 와서 부딪히지 않는 푸르스름한 부분이다."

해가 밝게 비춰고 새가 노래할 때 '자연에 감탄하는 것'은 식은 죽 먹기다. 창조 세계가 (아름다움을 나눠주듯) 아낌없이 나누어주는 잔인함과 공포에 맞서 그것을 해결하는 일은 훨씬 더 힘겹다. "빛이 와서 부딪히지 않는 푸르스름한 부분"을 다루는 방법은 창조 세계의 해석을 시험하는 광야의 시험이다. 이 시험이 딜라드를 종교적 소명으로, 성직으로 밀어넣는다.

애니 딜라드는 자연을 찬양하지 않는다. 그녀는 신비로운 것에 대해서 가십처럼 떠들어대지 않는다. 설명을 하지도 않는다. 설명은 합리화하는 도해에 존재를 끼워 맞춰버린다. 그녀는 "이러한 것들은 문제가 아니라 신비다"라고 말한다. 딜라드는 더 큰 것을 쫓는다. 의미를, 영광을, 하나님을 쫓는다. 그리고 그림자에서 만나는 끔찍한 우둔함의 단 한 부분이라도 제쳐두는 지름길을 택하지 않는다.

바로 그 대목에서 그녀는 대부분의 동시대인들과 구별되고, 기독교 순례에 참으로 소중한 동지가 된다. 정신을 회복하겠다고 광야로 나가는 신이교도 인본주의자들의 부대와, 표본을 교실로 끌어들여 설명하려는 신다윈주의 과학자들을 피하면서 그녀는 희생과 기도라는 철 지나버린 고대 도구들로 이 세상이라는 텍스트를 탐험한다. 그녀는 창조자와 창조 세계를 상대하기 위해서 영적 훈련을 받아들인다. "그러면 적어도 단단한 포대기 같은 어둠을 향해 마땅한 질문을 외칠 수 있을 것이며, 혹 가능하다면 음에 맞는 찬양을 부를 수도 있을 것이다."

하나님의 방식과 존재의 신비를 관상하기 위해서 분주한 일상에서 물러나 희생과 기도의 삶에 헌신한 중세 사람들을 은자 anchorite라고 했다. (그 어원은 떨어진 장소로 물러난다는 뜻의 그리스어 '아나코레오anachoreo'이다.) 그들은 교회 한편에 붙어 있는 창고 같은 데서 살 때가 많았다. 이러한 판잣집 같은 건물에는 보통 세상을 향해 난 창이 있었는데, 그곳을 통해서 수녀나 수사는 관상의 자료가 되는 창조 세계의 소리와 광경을 얻었다. 교회 옆에 따개비처럼 붙은 그곳을 닻이 걸리는 곳이라고 불렀다. 딜라드는 팅커 개울에 있는 자신의 오두막을 닻이 걸리는 곳이라고 부르고, 그 단어에 이러한 의미를 부여한다. "팅커 개울 옆에 붙어 있는 이 집을 나는 닻이 걸리는 곳이라고 생각한다. 이 집은 개울 바닥의 바위에 나를 고정시켜주고, 쏟아지는 빛줄기를 맞으며 바다의 닻처럼 흐르는 물속에 나를 고정시켜준다. 살기 좋은 곳이다. 생각할 것이 많다."

딜라드는 자신의 해석학적 의제를 선언한다. 첫째는 개울의 적극적 신비다. "그것은 지속적인 창조의 신비이며, 섭리가 함의하는 모든 것이다. 비전의 불확실성, 고정된 것의 공포, 현재의 파경, 아름다움의 복잡함, 완벽의 성질." 그리고 산의 수동적 신비가 있다. "그것은 무로부터의 창조라는 단 하나의 신비다.

물질 그 자체의 신비, 무엇이든, 주어진 것의 신비다. 산은 거대하고 평화롭고 흡수한다. 산에다 우리 정신을 끌어다 놓으면 산은 그것을 잘 잡아서 간직할 것이며, 어떤 개울이 그러는 것처럼 다시 내던지지 않을 것이다. 개울은 자극과 아름다움이 가득한 세상이고 나는 그곳에서 산다. 그러나 산이 내 고향이다."

이쯤이면 이것이 무게를 재고 측정하고, 정리하고 분석하는 학문적 해석이 아님이 분명해졌을 것이다. 이것은 관상적 해석이다. 받아들이고 주고, 의아해하고 기도한다. 딜라드는 자신의 소명을 수녀와 사상가와 예술가의 혼합이라고 설명한다. "수녀는 불붙은 영혼으로 살고, 사상가는 반짝이는 지성으로 살며, 예술가는 재료에 치여서 산다. (혹은, 수녀는 사려 깊고 강인하게 정신 속에서 살고, 종교적인 사람의 특징인 날카로움을 가지고 재료의 유배 속에서 산다. 무엇인가를 생각해내는 사상가는 재료의 충돌 속에서 살고, 모든 오랜 생각들이 가닿기 마련인 영혼의 세계에서 산다. 예술가는 형태의 창고인 정신 속에서 살고, 물론 예술가도 영혼 속에서 산다.)"

자신의 소명에 대한 딜라드의 이해는 《견고한 거룩함》에 가장 잘 나타난다. 이 책은 퓨젯 사운드(워싱턴 주 북서부, 태평양의 긴 만灣—옮긴이)의 한 섬에서 사흘을 보낸 후에 나온 관상의 결과로서 세 부분으로 이루어져 있다.

11월 18일, 딜라드는 잠에서 깬다. 세상을 향한 자신의 창을 통해 이 세상이 쏟아져 들어오고("나는 방 하나에 사는데, 한쪽 벽 전체가 유리이다.") 그 신성함에 그녀는 충격을 받는다. "매일이 신神이고, 날마다 신이고, 거룩함은 시간 안에 펼쳐진다." 그녀 는 성스런 대본을 읽듯이 이 세상을 '읽는다.' "내 발치의 세상, 창을 통해 보는 세상은 조명을 받는 대본이다. 그 낱장을 바람 이 하나씩 가져가고, 거기에 채색된 조명과 끊어지는 말들이 하 나씩 나를 끌어들인다. 거기에 나는 현혹되어 길을 잃는다."

딜라드는 방향을 잡고자 애를 쓴다. 그녀는 수평선에 보이는 섬들의 지도를 그리고 그 위치를 고정시키고 이름을 붙인다. 둘 러보고 냄새 맡고 듣는다. "하루 종일 나는 창조된 느낌을 받는 다.…창조된 갈매기들이 대기에 폭폭 구멍을 내고, 크게 굽은 대기의 솔기를 찢는다. 나는 나의 창조된 식사를 반긴다. 감탄 한다."

그럼에도 모든 것이 다 좋지는 않다. 그녀는 버지니아의 어느 산에서 촛불을 켜고 책을 읽던 밤을 기억한다. 나방이 계속해서 촛불로 날아들었다. 불에 타버린 나방 하나는 초의 심지가 되어 불길이 그것을 뚫고 솟아올랐다. "샛노란 불길이 불에 타 죽은 수사monk를 덮듯 그 나방을 덮었다." 세상에는 고통이 있다. 죽 음도 있다. 거기에는 거대한 신비도 있다. 희생과 연관된 무엇 이 있다. 죽음은 빛을 가져온다. 그녀가 읽은 책은 시인 랭보에 대한 책이다. 랭보는 예술의 삶에 자신을 완전히 소진시켰고, 그 글이 불길이 되어 이 세상을 밝혔다.

그래도 낮은 여전히 놀랍도록 신선하고 약속으로 가득 차 있다. 딜라드는 아르메니아인과 유대인, 가톨릭 신자는 모두 갓난 아기에게 소금을 뿌린다고 지적한다. 이스라엘이 주님 앞에 가지고 온 모든 첫 헌물은 보존과 맛의 '소금 언약'이었다. "오늘날의 신은 아이다. 새롭게 태어나 집 안을 채우는 아기, 육신으로 놀랍게 이곳에 존재하는 아기. 그가 낮이다." 딜라드는 아침 식사 때 먹는 계란에 소금을 치듯, 기쁨을 기대하며 한껏 부풀어 그 날에 소금을 친다.

11월 19일에 근처 밭으로 비행기가 추락한다. 그녀는 추락하는 소리를 듣는다. 조종사가 자신의 일곱 살짜리 딸을 잔해에서 끌어내는데, 불붙은 연료가 아이 얼굴에 한 덩어리 떨어지면서 끔찍한 화상을 입힌다. 11월 18일에 그녀는 이렇게 썼다. "나는 이곳에 견고한 것들, 바위 산과 소금 바다를 연구하고 그 곁에서 내 정신을 다스리기 위해서 왔다. '내게 당신의 길을 가르쳐주소서, 주님'이라는 기도는 다른 모든 기도와 마찬가지로 경솔한 기도이지만, 나로서는 추천할 수밖에 없는 기도이다." 그러나 얼굴이 타버린 일곱 살짜리 소녀의 문제와 맞닥뜨리게 될 줄은 몰랐다.

11월 18일에 하나님은 "존재하는 모든 것에 접속하셨고, 그것은 마땅히 거룩했다." 그런데 11월 19일에는 한 아이가 병원에 있고, 그 곁에서 부모가 비통해하고 있다. "나는 창가에 앉아 골똘히 생각하며 그들을 위해 기도한다.…누가 우리에게 기도하는 것을 가르쳐줄까? 오늘의 신은 빙하다. 우리는 그의 빙하

속 틈새에 살며, 아무도 우리 소리를 듣지 못한다. 오늘의 신은 비행 청소년인데, 사람의 이목을 끌려고 성냥불을 댕기는 미미한 권력을 지닌 펑크이다."

하나님은 무슨 일을 하시려는 것인가? 무엇이 진짜인가? 무엇이 허상인가? 그녀는 온갖 어려운 질문들을 던진다. "이 일에 하나님이 개입하셨는가? 확실한 것이 있는가, 아니면 시간은 제멋대로인가? 그리스도께서 아무런 목적도 없이 신성을 포기하는 일종의 자살로서 단 한 번 내려오신 것인가, 아니면 집으로 올라가는 줄사다리를 끌어올리듯 자신의 십자가를 끌고 단번에 올라가버리신 것인가?" 그리고 그녀는 최악의 상황에 직면한다. "우리는 타락한 세상에 협력하고 있다. 아탈란테의 황금 사과 한 알처럼 의미로부터 풀려나 마음껏 굴러다니는 시간, 툭 던져지고 잊힌 지나가버린 시간, 그리고 도망 다니는 신."

딜라드는 세상을 향한 자신의 창을 내다보고는 전에 보지 못한 섬 하나를 수평선에서 발견한다. 그리고 하나님의 치아라고 이름 짓는다.

11월 20일, 딜라드는 전나무 사이에 있는 하얀색 회중 교회에서 드릴 주일 예배를 준비하기 위해서 성찬 포도주를 사러 상점에 간다. 지난 이틀간 최상과 최악이, 위엄과 외설이 이렇게 병치된 것을 설명할 길이 있는가? 그녀는 모든 것의 절대적 기초에는 창조된 실체가 있다는 중세 사상을 묵상한다. "그 실체는 밀랍 같은 행성 깊은 곳에는 있으나, 사람들이 분별할 수 있는 행성 표면에는 결코 없다. 그 실체는 절대적인 것과 접촉하고 있고…이 실체의 이름은 견고한 거룩함이다." 모든 것이 결국에는 그것과 접촉한다. 견고한 거룩함과 접촉한 것을 접촉하면 절대적인 것, 하나님과 접촉하게 된다. 거기에 섬이 뿌리를 내리고 있고, 나무가 뿌리를 내리고 있고, 살육당한 얼굴의 소녀가 있다.

2주 전에 그 소녀의 부모는 이웃 열여섯 명을 자기 농장으로 초대해서 사과 주스를 만들었다. 딜라드는 자기 고양이를 데려갔고, 소녀는 오후 내내 고양이를 데리고 놀았다. "하루 종일 그 아이는 이 노란 고양이에게 옷을 입혔다 벗겼다 했다. 수녀복처럼 길고 풍성한 검정 드레스 안에 고양이를 집어넣었다." 그 소녀와 딜라드는 외모가 닮았다.

딜라드는 자신과 닮은 그 소녀에게 줄리 노리치라는 이름을 지어준다. 노리치의 줄리아나Juliana of Norwich는 14세기의 영국인 수녀이자 은자였다. 그는 평생 고난을 받으면서도 꾸준히 용기 있게 이 세상의 고통을 정면으로 바라보았고, 자신의 관상을 놀라운 한 문장으로 요약했다. "잘될 것이다, 잘될 것이다, 모든 일이 잘될 것이다." 다른 사람이 이 말을 했다면 구변 좋은 말장난이라고 조롱을 당할 수 있겠지만, 이 수녀가 하면 "생각 깊고 강인한…재료의 유배에서 나온 말"이 된다. 그것은 유연하면서도 견고한, 단련된 진리이다.

딜라드는 기도의 삶으로 고통을 안녕으로 바꾼 이 수녀의 이름을, 2주 전만 해도 자신의 얼굴과 매우 닮았지만 지금은 아름다움과 의미와 하나님이라는 모든 개념을 위험한 것으로 만들어버리는 이 소녀에게 부여한다. 그리고 중보 기도를 드리며 그 소녀를 언급한다. "마치 밀랍에 빠진 나방처럼 이 세상에서 사랑에 굳게 붙잡힌 네 인생은 심지가 되고, 네 머리는 기도로 불이 붙고, 안팎으로 완전히 붙잡혀 너는 혼자 자고(그것을 혼자라고 할 수 있다면), 너는 하나님을 외친다." 그러고는 그 아이를 치유의 삶, 앞으로 이어질 온전히 선한 삶으로 초청한다. "아침에 너는 낮의 기쁨으로 가득 차서 휘파람을 불고, 오후에는 이런저런 일을 겪으며, 밤에는 사랑을 외칠 것이다. 그러니 살아라."

그런 다음, 갑자기 방향을 선회하여 자신의 소명으로 돌아온다. 앞에서 그녀는 "희생 없는 삶은 가증스럽다"고 했다. 이제 그녀는 이 희생을 받아들이고 하루 일곱 차례 기도 시간을 지키며 예술과 사색과 기도의 삶 가운데서 자신을 태운다. "다른 곳에서 사람들은 신발을 사는 동안" 그녀는 제단 앞에 무릎을 꿇고 영광과 잔인성의 어지러운 소용돌이 속에서 살아남고자 애쓰며 그 난간을 붙잡고 줄리 노리치를 부른다. 이 책의 마지막 말은 이렇다. "내가 너를 위해 수녀가 되어주겠다. 지금 내가 그 수녀이다."

성경의 세계

딜라드의 영역이 성경 해석이 아니라 창조 세계이기는 하지만, 딜라드가 성경에 능하다고 해서 칼뱅이 기분 나빠하지는 않을 거라고 생각한다. 딜라드는 성경을 완전히 소화했고 성경의 억양과 이미지가 그에게 흠뻑 배어 있었기 때문에, 어떤 글을 쓰든 그 글의 맥락과 은유로서 성경이 언제든 쉽게, 별다른 절차 없이 등장한다. 그러나 딜라드는 증명하거나 근거를 대기 위해서 성경을 사용하지는 않는다. 성경은 그녀가 '사용하는' 진리가 아니라 살아내는 진리이다. 그녀의 성경 지식은 좌뇌보다는 우뇌에 저장되어 있다. 변증적 논쟁을 위한 연료라기보다는 기도하는 상상력을 위한 자양분이다. 딜라드는 성경을 거의 인용하지 않는다. 그저 끊임없이 암시할 뿐이다. 한 가지 이상의 암시가 나오지 않는 페이지가 거의 없다. 하지만 너무도 태연해서 마치 오른손이 하는 일을 왼손이 모르게 하는 것 같다. 성경을 잘 모르는 사람이라면 거기에 담긴 성경의 교훈과 이야기를 전혀 눈치채지 못할 것이다.

성경의 폭넓은 언어적 세계 안에서 그녀는 창조 세계의 비언어적 말에 주의를 기울인다. 토라와 복음이라는 계시된 세계는 단풍나무와 족제비, 일식과 반짝거리는 피라미의 구체적인 의미를 풀어내는 넉넉한 환경이다. 그녀가 성경을 읽으면서 키운 균형 감각에서는, 성경의 '특별' 계시가 소위 '일반' 계시를 포함하고 에워싸고 있다. 아마도 그녀는 포사이스P. T. Forsyth의 말에 동의할 것이라고 생각한다. "거대한 창조 세계다. 그러나 구원은 더 거대하다."

한 가지 예를 들어보자. 《돌에게 말하는 법 가르치기》에 실린 동명 에세이에는 성경을 암시하는 부분이 (반복을 제외하고도) 열일곱 군데 나오고, 직접 인용이 세 군데 나온다. 딜라드는 퓨 젯 사운드 섬 이웃에 살던 래리의 이야기를 들려주는데, 그는 돌에게 말하기를 가르쳤다. 그는 선반에 돌을 두고 "덮개 아래 잠든 카나리아처럼, 무두질하지 않은 가죽을 덮어 그 돌을 보호한다. 래리는 그 돌이 수업을 받을 때가 되면 그 덮개를 치운다." 그 섬의 괴짜에 대한 이 별난 이야기가 표상하는 바가 있다. "자연의 침묵은 자연의 발언이다." 우리는 침묵을 견디지 못해서, 입을 닫은 어머니 대지로부터 삑 하는 소리라도 얻어내려 한다.

딜라드는 천둥 번개가 치는 시내 산에서 겁을 잔뜩 먹고는 모세에게 "다시는 자신들에게 직접 말씀하시지 않게" 하나님께 간청 드려달라는 이스라엘의 이야기에서 래리 이야기의 배경을 보게 된다.

이제 모든 비인간 세계가 침묵한다. 우리는 우리를 짜증나게 하는 아이에게 말하듯, 하나님께 그만 닥치고 방으로 들어가라고 했다. 하나님은 그 기도를 들으셨다. 그 많은 세월이 지난 후 우리는 변함없이 쏟아지는 인간의 발화가 지루하고 답답하다.

심지어 과학자들, 그 누구보다도 발화를 인간에게 국한시키고자 했던 그들도 침팬지에게 말하기를 가르치고, 고래의 언어를 해독하고, 머나먼 별에서 보내는 메시지를 들으려고 한다.

래리가 돌에게 말하기를 가르치려고 애쓰는 퓨젯 사운드의 섬은 이스라엘이 드린 기도의 한 결과이다. 그리고 갈라파고스 섬은 또 다른 결과이다. 다윈 시대 이후로 과학자들은 그 섬을, 하나님의 살아 있는 음성으로부터 분리된 세상에서 의미를 찾아내고 진화 과정을 연구하고 종족의 생물학적 이야기를 풀어가는 실험실로 취급했다. 딜라드는 그곳에서 다른 텍스트를 읽어낸다. 성경 텍스트가 아우르는 창조 세계의 텍스트를 읽어낸다. 그녀는 갈라파고스를 '일종의 형이상학 실험실'이라고 부른다. 차라리 기도 실험실이라고 불러도 되었을 것이다.

바다사자는 갈라파고스의 가장 유명한 거주민이다. 사교적이고 우아하며, 사람을 반기고 장난기 있는 그들은 "온종일 노는 일에만 몰두한다." 그곳을 방문하는 사람들은 나중에 '돌아온다면' 바다사자로 돌아오고 싶다고 농담을 한다. "바다사자를 이길 만한 게 없을 것 같았다." 그러나 오랜 기간 성찰하고 다시 한 번 그 섬을 방문한 후에 그녀는 다른 선택을 한다. 팔로산토 palo santo 나무(남미 건조 지대에서 자라는 나무—옮긴이)가 되기로 한 것이다. 처음 방문할 때는 그 나무를 거의 알아보지 못했다. 가느다랗고 힘없어 보이는 그 나무는 반은 죽은 채로 몇 킬로미터에 걸쳐 듬성듬성 서 있었고, 그 나무가 모여 있는 지역은 마치 폭탄 맞은 과수원 같았다. 그녀가 팔로산토를 택한 이유는 비록 "거기에는 침묵밖에" 없었지만, 그것은 부재의 침묵이 아니라 현존의 침묵이기 때문이다. 그것은 생식할 수 없는 침묵이 아니라 잉태의 침묵이다. 비인간의 침묵은 할 말이 없어서가 아니라, 불순종이나 불신앙 혹은 순전히 공포 때문에 우리가 하나님께 말씀하지 말아달라고 부탁했고 하나님이 그 기도를 들으셨기 때문이다. 그러나 말하지 않아도 하나님은 여전히 계시다. 우리에게 필요한 것은 증인이다. 팔로산토는 증인의 비유다.

성경에 나오는 최초의 증인인 세례 요한은 말했다. "그는 흥하여야 하고 나는 쇠하여야 하리라." 증인은 자신에게 시선을 집중시키지 않는다. 그가 가리키는 대상이 더 중요하다. 사용하고 설명하고 소유하는 것보다 존재가 앞선다. 증인은 입을 다물고 가리키기만 한다. 침묵의 소리를 방해하지 않기 위해서. 팔로산토는 "인간이 아닌 모든 것과의 관계에서 인간이 차지하는 침묵의 자리를 상징하는 것으로 보여 내 관심을 끈다. 나는 우리 모두를 팔로산토 나무로, 거룩한 막대기로 본다. 우리는 무엇이든 함께 보고 침묵 가운데 자란다."

여기에서 핵심 단어는 증인이다. 오늘날 자주 쓰이는 성경의 중요한 단어이다. 있는 그대로 말하고, 보고 들은 것을 정확하고 정직하게 진술하는 겸손한 단어이다. 그러나 우리가 어떤 대의에 참여하면 제대로 증언하는 게 거의 불가능하다. 거기에 장식을 더하고, 빈자리를 채우고, 지루한 부분은 광택을 더하고, 듣는 이들의 관심을 끌려고 불필요한 사족을 단다. 바다사자의 모양새다. 중요한 것들—하나님, 구원—이 여기에 걸려 있는데, 우리는 이 대단한 실재에 외부인들을 참여시키고 싶은 간절한 마음에 증언이라는 겸손한 자리를 떠나서 영향을 미치고, 동기를 부여하고, 광고하고, 홍보하기 위해서 말을 사용한다. 그러면 우리는 더 이상 증인이 아니라 피고인을 위해 변론하는, 세부 사항에 늘 세심한 주의를 기울이지는 않는 변호사가 된다. 하긴, 배심원들의 판결에 따라 생사가 결정되니 어쩌겠는가.

그러나 딜라드는 우리를 증인이라는 단순하고 겸손한 여분의 역할로 돌려놓는다. 우리는 하나님의 음성이 창조 세계로부터 사라져버린 시대에 살고 있다. 우리는 돌들이 말하기 바라고, 하늘이 하나님의 영광을 선포하기 원하지만, "그 거룩한 산이 입을 다물고 있다. 우리는 불타는 떨기나무의 불을 껐고 다시 붙일 수 없다. 모든 푸른 나무 밑에서 헛되이 성냥을 켜고 있다. 바람이 한때 외치고 언덕들이 소리 높여 찬양했던가? 이제 이 땅의 생명 없는 것들 사이에서 말은 사라졌고, 살아 있는 것들은 그 누구에게도 거의 말을 하지 않는다."

이러한 세상에서 우리가 해야 마땅한 일은 팔로산토 나무처럼 증언하는 것이다.

교회 안 세상

헨리 소로, 랠프 월도 에머슨, 존 뮤어처럼 딜라드와 동류로
분류되는 미국 작가들은 교회에 다니지 않았다. 그들은 교회가
제도 종교의 초라함과 위선이라고 생각해서, 교회와 거리를 두
고 대신에 숲속 성당의 순결한 소나무를 택했다. 에밀리 디킨슨
이 그들에게 텍스트를 제공해주었다. "어떤 사람들은 교회에
가서 하나님을 예배하지만/나는 집에서 그분을 예배한다/쌀먹
이새가 성가대원이고/과수원이 왕좌다." 그들의 수많은 후손이
일요일 아침에 새 관찰을 하러 나가거나 자연보호 단체와 함께
현장을 나간다. 그러나 애니 딜라드는 교회에 간다. "나는 내게
주어진 수단이 무엇이든 그것을 통해서 하나님을 예배하고 싶
을 만큼만 하나님을 안다.…여기에 교회가 하나 있고 그래서 나
는 거기에 나간다." 그 교회가 구닥다리여도 상관없다. 그냥 거
기에 나간다. "좀 성대한 주일에는 스무 명 정도가 모인다. 예순
살 아래로는 나밖에 없을 때가 많아서 마치 소련에 고고학 탐험
을 간 것처럼 느껴진다."

그곳이 구닥다리인 이유는 우스꽝스럽기 때문이다. 어떻게
하나님을 찾는 사람들이, 아름다움을 추구하는 사람들이, 개신
교와 가톨릭을 불문하고 매주 기독교 교회에서 벌이는 '재주 부
리는 곰의 공연'을 견딜 수 있단 말인가? 그러나 딜라드는 흔쾌
히 별다른 감정 없이 그냥 나간다. 예배에 대한 역작 "북극 탐험

An Expedition to The Pole"에 보면 그 이미지와 이유가 나온다. 북극이든 교회이든 어딜 가나 "단 한 가지 사업만 있는 듯하다. 우리의 숭고한 사상과 우리의 어리석은 현실 사이에서 가능한 타협점을 찾는 것."

《자연의 지혜》에서는 이렇게 썼다. "이 북거(北距. 전에 측정한 지점에서 더 북쪽에 있는 어떤 한 지점까지의 위도차—옮긴이)들이 나를 끌었다. 현재의 북거, 과거의 북거, 북거에 대한 생각들. 북극 탐험에 대한 글을 보면, 온통 북거에 대한 이야기다. 탐험가는 해어진 일기장에 이렇게 끼적일 것이다. "위도 82 + 15′ N. 오늘 우리는 일정하지 않은 이동에도 불구하고 북거 32킬로미터를 달성했다. 북거를 나서볼까? 내 다리도 긴데." 그리고 그녀는 그와 유사한 목표를 설명한다. 상대적 접근 불가능성의 북극은 "어떠한 방향에서든 육지에서 가장 먼 북극해의 상상적 지점이다." 북극 탐험가들의 글을 읽으면 그들이 실제로 찾는 것은 숭고함이라는 사실이 인상 깊게 다가온다. "그들은 단순함과 순수함에 끌린다. 그들은 오염되지 않은 땅에 분명한 임무를 수행하러 떠난다.…그들은 마치 도덕적 혹은 영적 자질을 찬양하듯 그 땅의 넘치는 아름다움을 찬양한다. '차가운 숭고함을 담은 얼음의 방,' '영원한 눈에 완벽하게 덮인 높은 봉우리.'" 이것은 지리학이다. 예배에도 그에 해당하는 북극이 있다. "절대자는 형이상학 안에 위치한 상대적 접근 불가능성의 북극이다. 어쨌거나 우리가 절대자에 대해서 아는 몇 안 되는 사실 중 하나는 상대적으로 접근하기 힘들다는 것 아닌가. 그것은 어느 방향에서 접근하든 영적으로 가장 멀리 떨어진 영혼의 접근 가능 지점이다. 다른 것과 마찬가지로 그것은 '가장 큰 문제'의 북극이다. 또한 나는 이것을 엄청난 대가를 지불해야 하는 북극으로 받아들인다."

딜라드는 북극 탐험에 대해서 쓴 프리드쇼프 난센Fridtjof Nansen의 글을 인용하면서 "무한처럼 깊고 순수한 얼음의 위대한 모험⋯우주의 영원한 회전 그리고 그것의 영원한 죽음"을 언급하고, 어디에서든 "북극에 대한 글은 이러한 절대성을 환기시키고, '영원'과 '완벽'에 대한 생각들을 마치 그것이 눈에 선명하게 보이는 풍경의 일부인 것처럼 환기시킨다"고 지적한다. 그리고 그녀는 "아우러지지 못한 빛을 슬며시 그리고 아쉽게라도 얻기 위해서" 우리를 기독교의 예배로 인도하는 그레고리우스 교황의 말을 인용한다.

그녀는 "순수성을 찾는다면서⋯인류를 북극으로 끌고 간" 북극 탐험가들의 웃기고도 슬픈 이야기를 들려준다. 1845년 프랭클린 탐험대는 138명의 장교와 사병들로 구성되어 있었고 "1,200권의 책, 쉰 곡을 연주하는 손풍금, 장교와 사병들을 위한 식기 세트, 무늬를 새겨 넣은 유리 와인잔, 납작한 은 식기류를 지고 여왕 폐하의 해군 제복을 제외하고는 북극에 대비한 옷도 갖추지 않은 채" 그곳으로 갔다. 고귀한 사업이었기에 고귀하게 차려입었다. 그들은 전원 사망했다. 주사위 놀이판과 장교들의 이름 약자와 그 가족의 문장이 새겨진 산더미 같은 은 식기들 틈에서 시신이 발견되었다. 그들에게는 존엄성이 전부였다.

로버트 팔콘 스콧 경Sir Robert Falcon Scott은 다른 종류의 존엄성을 지니고 있었다. 그는 북극 탐험의 순수함은 개나 동료들의 도움이 없는 순수한 노력을 요구한다고 생각했다. 그도 죽었다. "그 의미는 좋게 들리나 홀로 하는 북극 탐험은 없다." 그의 고귀한 정서, 순수함과 존엄성과 자기 통제를 표현하는 가장 감동적인 북극 문서들이, 얼어붙은 그의 시신 아래서 발견되었다.

성공한 탐험가들은 그렇게 야단을 떨지 않았다. 그들은 자신의 역할, 특권, 이미 형성된 개념들을 버리고 빛이 흠뻑 배어 있는 그 땅의 두툼한 얼음과 빙하의 조건에 적응했다.

예배를 드리러 가는 애니 딜라드도 그와 비슷한 어려움에 직면한다. "내가 성취하고자 하는 것은 일종의 북거다. 그곳을 향해 외골수처럼 꾸준히 가는 것이다." 교회 예배에서 그녀가 경험하는 것들이 북극 탐험에 대한 논평들과 섞여 있다. 아마추어 솜씨는 괴롭다. "우리가 첫해부터 연습한 이 예배보다도 고등학교 연극이 더 세련되다. 2천 년이 되도록 우리는 이 문제를 해결하지 못하고 있다."

세상과 상관성을 가지고자 하는 시도들은 우습기만 하다. "나는 오로지 개신교에서 예배 악기로 사용하는 기타를 피해보겠다는 단순한 의도로 매우 반가톨릭적인 양육 환경을 극복하고 미사에 참석했다."

태평스러운 무지는 무섭기까지 하다. "왜 교회에 다니는 사람들은 절대자를 찾아 단체 여행을 하는 쾌활하고 생각 없는 관광객 같을까?…내가 보기에 카타콤의 경우를 제외하고 그리스도인들은 자신의 조건을 충분히 인식하고 있는 것 같지 않다. 우리가 그렇게 태평하게 들먹이는 권세가 어떤 것인지 조금이라도 아는 사람이 있을까? 아니면 그 말을 믿는 사람이 하나도 없는 것 같다는 내 의혹이 맞는 것일까? 교회는 일요일 아침을 죽이기 위해서 화학 실험 도구로 고성능 폭약을 제조하며 노는 어린아이들이다. 여성용 밀짚모자나 벨벳 모자를 쓰고 교회에 오는 것은 미친 짓이다. 다들 헬멧을 써야 할 것이다. 안내자들은 구명 기구와 신호탄을 나누어주어야 할 것이다. 우리를 의자 쪽으로 마구 몰아넣어야 할 것이다." '여건'에 유의하지 않은 탐험가들은 죽었다. 그렇다면 마찬가지로 준비되지 않은 예배자들은 왜 그 자리에서 죽지 않는 것일까?

상관없다. 딜라드는 자신의 존엄성을 내려놓고, 학교 교육과 양심도 버리고, 적당히 사는 것도 버린다. "교회에서 끔찍한 민속 음악 파티를 접하느니 차라리 그 유명한 영혼의 어두운 밤을 지나가고 싶지만, 이러한 순전히 개인적인 선호는 쓸모없는 것이고, 부적응증이기도 하다." 그래서 그녀는 교회로 자기 몸을 끌고 가고, 개인적 존엄성을 포기하고, 무작위의 사람들과 운명을 같이한다. 그녀는 북극에 혼자 갈 수 없는 것처럼 하나님께도 혼자 갈 수 없음을 깨닫는다. 목표는 순수해도 사람들은 순수하지 않다는 것도 깨닫는다. 비록 사람들이 밴조나 치고, 바보 같은 노래를 부르고, 멍청한 설교를 한다 해도, 그 땅으로 가고 싶다면 사람들과 함께 가야 함을 깨닫는다. "나도 똑같은 탐험에 얼마나 자주 나섰으며, 내 어리석은 범선을 절반만 땜질한 채 북극을 향해 나섰던가?"

그래서 그녀는 예배한다. 매주 그녀는 "아름다움과 공포라는 쌍둥이 바다가 만나는" 상대적 접근 불가능성의 북극을 향해 나선다. 존엄성과 문화도 내팽개치고, 침묵과 고독도 내팽개치고, 북극 탐험과 교회 회중에 나타나는 잡다하게 섞인, 숭고하면서도 터무니없는 사람들과 함께한다. "매주 우리는 같은 기적을 증언한다. 하나님이, 어떤 이유에서인지는 몰라도, 우리가 하는 재주 부리는 곰의 공연을 불어서 산산조각 내시지 않는 기적을 말이다. 매주 그리스도께서 제자들의 더러운 발을 씻기시고, 그들의 발가락을 만지시며 반복해서 말씀하신다. '믿거나 말거나 사람이 되는 것도 괜찮다'고."

북극으로 가는 것과 교회로 가는 것과 관련된 영성은 본질적으로 같다. 딜라드는 둘 다를 포용한다. 두 모험 모두에 있는 어려움을, 탐험가들의 어리석은 허영과 예배자들의 당황스러운 초라함을, 상당히 너그럽게 다룬다. 그녀는 광야에 있건 예배 가운데 있건, (관광객 취향의 탐미주의에서 나오는 한 쌍의 죄인) 감상주의와 속물근성으로부터 자유롭다. 그녀는 북극 탐험의 어리석음을 수용하듯 기독교 예배의 어리석음도 수용한다. 내가 생각하기에 그녀는 우리가 자연에 대한 감상주의와 전례에 대한 속물근성을 충분히 오래 참아줬다고 말하는 것 같다. 교회에 가는 것이 어렵다면 그 어려움은 북극에 갈 때 만나는 어려움 정도일 것이다. 그녀가 말하듯, "쉬울 거라고 말한 사람은 아무도 없다."

기도: 눈을 뜰 것인가, 감을 것인가?

기도의 삶에는 위대한 신비주의 전통이 두 가지 있는데, 각각을 긍정kataphatic의 기도와 부정apophatic의 기도로 부르기도 한다. 긍정의 기도는 성상, 상징, 의식, 향을 사용한다. 창조 세계는 창조자에게로 가는 길이 된다. 부정의 기도는 비우고자 한다. 창조 세계는 창조자에게서 멀어지게 하기 때문에 존재의 단순함만이 남을 때까지 생각, 이미지, 감각을 체계적으로 비운다. 긍정의 기도는 '눈 뜨고 하는 기도'이고, 부정의 기도는 '눈 감고 하는 기도'이다.

최고의 상태에서는 두 전통이 섞이고 혼합되고 교차 수정된다. 그러나 우리가 늘 최고 상태이지는 않다. 서구 교회는 부정 쪽으로 심하게 기울어져 있다. 내가 어릴 때 기도의 기본자세는 "두 손 모으고 고개를 숙인 다음 눈 감고 기도하겠습니다"였다.

내 어린 시절의 훈련은 성인이 되어서까지 이어진다. 대부분의 경우, 나는 기도할 때 여전히 눈을 감고 기도한다. 내게는 균형이 필요하다.

애니 딜라드는 다르게 기도한다. 손을 펴고 고개를 들고 눈을 뜨고 기도한다. "아직 1월 첫째 주이고 내게는 대단한 계획들이 있다. 나는 보는 것에 대해서 생각했다. 풀지 않은 선물과 깜짝 놀랄 일들, 볼 것이 많다." 그저 숲으로 산책을 가는 것에 불과하다고 생각하며 우리는 그녀와 함께 길을 나섰다. 그런데 머지않아 "평생 헌신된 씨름을 요구하는" 관상적 보기에 동원되어 성인과 수사들 틈에 있음을 발견하게 된다.

딜라드는 우리를 칼뱅이 이야기한 극장으로 들여보내고, 우리는 거기에서 "언덕이 양처럼 뛰노는 것"을 보고 "나무가 손뼉치는 것"을 들은 시편 기자와 선지자들과 나란히 선다. 그들과 함께 우리는 언제 어디서나 하나님을 향해 깨어 있으면서, 찬양하고, 눈을 뜨고 기도한다. "내가 벌떡 일어나서, 환호하고 환호한다."

온유한 자는 복이 있나니

모세는, 화냈다 무서워했다 하면서

순백의 소나기구름 아래서 온유했다,

구름 기둥의 그 영광스런 불투명함 아래서.

모든 구름은 온유하다, 바람에 흔들리며

모양을 바꾸지만 결코 잃지 않는다, 존재를.

한마디로, 완전히 액체도 아니고,

고체라고 할 수도 없고. 나처럼.

세차게 부는 영혼에 굴복하여

모든 것이 구원의 천사가 명령하는 그것이 된다.

징조, 약속, 징후.

강렬한 이미지와 색채, 아, 색채,

태양과 함께 섞인 땅의 안료들이

황혼에 찬양을 올리는 색조를 만들고,

새벽에, 폭풍을 거두고,

비를 흩뿌리고, 잘 정돈된

날씨가 측정한 그림자로 태양을 걸러낸다.

태양의 패치가 생긴다.

나는 교육에 대한 넘치는 열정을 안고 목회를 시작했다. 믿음의 삶을 매우 풍요롭게 하고 다채롭게 하는 이야기와 사실들, 통찰과 관점들로 내 정신은 제법 어수선했다. 나는 공부하는 동안 성경과 신학의 나라를 활기차게 돌아다녔기에 다른 사람들도 그 여행에 데려가고 싶은 마음이 간절했다. 나는 아리우스주의 논쟁을 교과서처럼 지루하게 설명하지 않고, 우가리트어를 해독해서 성경 언어와 이야기의 미묘한 우아함을 더 깊이 감상하게 할 수 있었다. 나는 얼른 시작하고 싶어서 안달이 날 지경이었다.

그러한 일들을 하기에는 그리스도인 회중만큼 좋은 곳은 없다고 생각했다. 여느 학교보다도 훨씬 좋았다. 사람들은 할 수 없이 교회에 온 것이 아니라 오고자 해서 왔다. 그들은 그 어느 학문 집단보다도 높은 수준의 동기로 배우러 왔다. 학점이나 학위를 얻기 위해서 온 사람은 아무도 없었다. 그들은 정신과 마음을 다해 주님을 사랑하기 위해서 믿음의 공동체로 모였다. 그리고 그 일을 도와달라고 나를 불렀다.

그래서 나는 가르쳤다. 설교로 가르치고 강의로 가르쳤다. 가정에서 가르치고 교실에서 가르쳤다. 어른과 청소년과 아이들을 가르쳤다. 특수 그룹을 만들고 단기 강좌를 개설하고 세미나를 인도했다. 미적거리고 망설이는 사람들은 격려하고 설득했다. 고등학교나 대학교를 졸업한 이후 제대로 지성을 사용해보지 않은 사람들에게 이사야서와 마가복음, 개혁 신학과 구약 고고학을 공부시켰다. 물론 모든 사람을 그렇게 만들지는 못했지만, 대체로 실망할 수준은 아니었다. 정말 즐거운 시간이었다.

나의 교육 임무는 무엇인가?

그렇게 몇 년을 하고 난 후에 나는 앞 세대 목사들과 내 가르침이 얼마나 다른지를 알게 되었다. 내가 받은 일반 교육 덕분에 나의 교육 관점은 과거 교회의 교육 관점들과는 연속성이 별로 없었다. 나는 교육 센터로서 교구가 지니는 큰 잠재력을 보게 되었다. 교구는 일종의 작은 대학이고 나는 그곳의 전임 교수였다.

그러던 어느 날, 교구는 사실 예배 센터라는 사실을 깨닫고는 충격을 받았다. 나는 그에 대한 준비가 되어 있지 않았다. 목회 준비 수업은 대부분 강의실에서 이루어졌고, 예배당과 지성소는 부수적일 뿐이었다. 그러나 지금 내가 함께 사는 이 사람들은 블레셋과 바리새인에 대한 역사적 사실을 알기 위해서가 아니라, 그 전에도 수많은 사람들이 그랬던 것처럼, 기도하기 위해서 이곳에 왔다. 그들은 그리스도 안에서 자라기를 갈망하는 것이지 교의학 시험을 위한 벼락공부를 하고 싶은 게 아니었다. 나는 자명한 사실을 이해하기 시작했다. 즉, 교회 생활의 준거가 되는 핵심 언어는 늘 기도의 언어였다는 사실을 말이다.

그러한 인식에서부터 확신이 생겼다. 목사로서 나의 우선적 교육 임무는 사람들에게 기도를 가르치는 것이라는 확신이었다. 나는 믿음에 대해서 가르치고, 복음의 내용을 가르치고, 성경 저작의 역사적 배경과 하나님 백성의 역사를 가르치는 임무를 저버리지 않았고, 앞으로도 저버리지 않을 것이다. 모호하게 만들거나 반지성적으로 흐르는 교회의 경향을 나는 용인하지 않으며, 내가 아는 한은 그냥 넘어가지 않을 것이다. 그러나 목사들은 교수들과는 매우 다른 교육 임무를 맡았다. 내가 다닌 학교에서 취한 교육적 접근은, 하나님께 주의를 기울이도록 훈련시키고 단순한 사실의 습득이 아니라 진리를 받아들일 수 있도록 내면의 삶을 형성해준 고대 영적 지도자들의 지혜를 하나같이 무시했다. 하나님과 인간이, 믿음과 어리석은 사람이, 사랑과 무관심이 일상의 분주함 가운데 얽혀 있는 생활의 중심에서 혹은 그 근처에서 사람들과 함께 지내면 지낼수록, 내가 가르치는 방식들은 별 변화를 가져오지 않고 그들에게 기도를 가르치는 것이 더 많은 변화를 가져오는 것 같았다.

유용한 도움

교육을 무엇보다도 정보 취득의 길로 보는 우리 사회에서 이러한 확신을 계속해서 붙들기란 쉽지 않다. 하지만 도움을 받을 길이 있다.

나는 오래전에 고인이 된 선조들과 친구가 되어 많은 도움을 받았다. 니사의 그레고리우스와 아빌라의 테레사가 출발점이었다. 나는 이 대가들을 멘토로 삼았다. 그들은 기도의 개념을 확장해주고, 포괄적이고 상상력 넘치고 격렬한 기도의 언어를 내게 소개해주었다. 또 사람들에게 기도를 가르치는 것이 내가 하는 최고의 일임을 확신시켜주었다.

그 외의 도움은 뜻밖의 분야에 속한 동시대인들로부터 받았는데, 특히 루트비히 비트겐슈타인Ludwig Wittgenstein과 오이겐 로젠스톡-후시Eugen Rosenstock-Huessy 같은 언어 철학자들이었다. 나는 그들의 영향으로 언어의 작용 방식에 경외심을 갖게 되었고 발화Speech를 둘러싼 거대한 신비를 깨닫게 되었다. 내가 사람과 목사로서 언어를 사용하는 방식에 주의를 기울이게 되었다. 이 철학자들은 믿음의 선조들에게 익숙했던 언어, 내 소명과 믿음을 함께 지켜주고 사람들에게 기도를 가르치는 데 필요한 언어를 회복할 길을 보여주는 나침반을 주었다.

그 방면에서 내가 배운 것을 축소하고 단순화하고 요약해서 언어 1, 언어 2, 언어 3의 세 분야를 보여주는 일종의 대략적인 언어 지도를 만들었다.

세 종류의 언어

언어 1은 친밀함과 관계의 언어로서, 우리가 처음으로 배우는 언어이다. 애초에 그것은 명확하게 구사된 언어가 아니다. 부모와 아기 사이에 오가는 언어는 의미는 풍부하지만 내용은 별로 없다. 아기의 옹알이는 문법으로 설명할 수 없다. 부모가 아기에게 하는, 말도 안 되는 음절들은 사전에 나오지 않는다. 그러나 그러한 옹알이와 음정도 맞지 않는 흥얼거림을 주고받으면서 신뢰가 발전한다. 부모의 속삭임은 아기의 고함을 희망의 외침으로 바꾼다. 이 언어의 기본 단어는 이름 또는 '음마, 읍빠' 같은 애칭이다. 한정된 용어이고 불완전한 통사이지만, 복잡하고 심오한 사랑의 실재를 표현하는 데에 부족함이 없다. 언어 1은 최초의 언어이고, 인간 조건을 표현하고 발전시키는 데에 쓰는 기본 언어이다.

언어 2는 정보 언어이다. 자라면서 우리는 주변의 놀라운 세계를 발견하게 되는데, 거기에는 모든 것에 이름이 있다. 바위, 물, 인형, 병. 언어 습득을 통해서 우리는 서서히 사물의 세계를 알게 된다. 첫 출발점이었던 사람과의 관계적 친밀함을 넘어서 우리는 나무와 소방차와 날씨라고 하는 객관적 환경을 익히게 된다. 날마다 단어 수가 늘어간다. 이름이 붙은 사물들이 더 이상 낯설지 않고 친숙하다. 이 세상과 친구가 된다. 문장으로 말하는 법을 배우고 연결시키는 법을 배운다. 이 세상은 참으로 다양한데, 우리 언어는 거기에 있는 것을 알아보고 그것이 어떻게 서로 연결되는지를 알아봄으로써 그것을 설명하게 해준다. 언어 2는 학교에서 주로 사용하는 언어이다.

언어 3은 동기 언어이다. 일찌감치 우리는 언어가 어떤 일이 일어나게 만들고, 무에서 유를 만들어내고, 무력하던 어떤 것을 의도 있게 움직이게 만드는 능력이 있다는 것을 알게 된다. 아기가 울면 음식이 나오고 기저귀가 뽀송뽀송해진다. 부모의 명령이 떼를 쓰는 아이를 저지한다. 신체의 힘은 전혀 사용하지 않는다. 물리적 원인도 없다. 멈춰, 가, 닥쳐, 크게 말해, 음식 남기지 마. 이렇게 말만 했을 뿐이다. 우리는 언어에 의해 움직이고, 언어를 사용해서 다른 사람을 움직인다. 아이들은 이러한 언어를 놀랍도록 잘 습득하는데, 자신보다 훨씬 더 크고 지적인 존재들이 (종종 그들의 의도와 현명한 판단과는 반대로) 열심히 움직이게 만든다. 언어 3은 광고와 정치의 언어이다.

언어 2와 3은 우리 문화에서 확실히 주목받는 언어이다. 정보 언어(언어 2)와 동기 언어(언어 3)가 우리 사회를 지배한다. 우리는 자신이 사는 세상을 설명하는 언어를 잘 배웠다. 그리고 사람들로 하여금 사고 가담하고 투표하도록 만드는 언어를 잘 훈련받았다. 반면에 언어 1, 즉 친밀함의 언어이자 신뢰와 희망과 이해의 관계를 발전시키는 언어는 시들해지고, 일단 유년기에서 벗어나기만 하면 그것을 사용할 일이 갈수록 줄어든다. 청소년기에 사랑에 빠져서 몇 시간씩 전화기를 붙들고 옆에 있는 사람이 듣기에는 횡설수설하는 말들을 늘어놓을 때 그 언어를 잠시 회복한다. 낭만적 사랑의 열정에 걸맞은 언어는 그 언어밖에 없다. 장성해 부모가 되었을 때 그 기본 언어를 다시 배워 잠시 사용한다. 소수의 연인들, 일부 시인과 성인들처럼 몇몇 사람들은 결코 그 언어를 포기하지 않는다. 그러나 대부분의 사람들은 그냥 흘러가게 내버려둔다.

언어 전환

이렇게 처음 언어를 구별해서 듣기 시작했을 때 나 자신이 얼마나 철저하게 문화의 제약을 받는지 깨달았다. 세상에 속했다는 것이 이런 것일까! 내가 공동체에서 사용하는 언어는 문화를 그대로 반영했다. 정보와 홍보만 많고 친밀감은 별로 없었다. 내 사역은 거의 전적으로 설명과 설득의 언어로 표현되었다. 무엇이 있는지 알려주고, 무엇이 될 수 있다고 촉구했다. 나는 설명을 참 잘했다. 권고도 제법 잘했다. 나는 철저하게 세속화된 학교와 판매 중심 사회에서 배운 것을 교회에서 그대로 사용했는데, 사람들의 인간성과 믿음에 기초가 되는 언어, 사랑과 기도의 언어를 개발하고 사용하는 데에는 별 도움을 주지 못했다.

그런데 그것이 내가 기본적으로 해야 하는 일이었다. 한편으로는 인격적인 하나님—사랑으로 우리를 부르시고, 자신을 신뢰하는 삶으로 초대하시는 하나님—의 말씀을 선포하고, 다른 한편으로는 똑같이 인격적인 말로 그 말씀에 응답하도록—1인칭으로 2인칭에게, 내가 너에게 말하고 3인칭 논평은 최대한 피하도록—지도하고 격려하는 것이 나의 본질적인 교육 임무였다. 이 인격적인 말을 개발하고 구현하게 하고, 사람들에게 기도를 가르치는 것이 내 임무였다. 기도는 언어 1이다. 하나님이나 믿음에 대한 언어가 아니다. 하나님과 믿음을 섬기는 언어가 아니다. 믿음으로 하나님께, 하나님과 함께하는 언어이다.

조지 아서 버트릭George Arthur Buttrick이 한 말을 오랫동안 잊고 지내다가 생각이 났다. 나는 신학교 시절에 1년간 그가 전하는 주일 아침 설교를 들었다. "목사들은 사람들이 설교를 들으러 교회에 온다고 생각한다. 그렇지 않다. 그들은 기도하러, 기도를 배우러 교회에 온다." 하나님에 대해서 말하는 것에서 하나님에게 말하는 것으로 중요한 전환을 이룬 안셀무스Anselm가 생각났다. 그는 하나님의 존재를 탁월하고 힘 있게 증명하는 《모놀로기온Monologion》을 집필했다. 그 책은 서구의 중요한 신학적 업적 중 하나이지만, 그는 자신이 하나님에 대해서 올바른 말을 아무리 많이 했다 해도, 전부 잘못된 언어로 했다는 사실을 깨달았다. 그래서 《프로슬로기온*Proslogion*》에서는 언어 2를 언어 1로 전환해서 전부 다시 썼다. 1인칭으로 바꾸고, 하나님의 말씀에 응답하는, 인격적인 하나님과의 인격적인 대화로 고쳤다. 《프로슬로기온》은 기도로 하는 신학이다.

목사의 최우선 설교 임무가 인생 전환이라면, 목사의 최우선 교육 임무는 언어 전환이다. 내가 정보와 동기의 언어를 포기했다는 말이 아니다. 앞으로도 포기하지도 않을 것이다. 존재의 모든 차원을 하나님을 섬기고 영화롭게 하는 일로 끌어들이는 이 믿음의 삶에서는 모든 언어에 능숙해야 한다. 그러나 내가 가장 잘 쓰는 언어와 다른 사람들이 능숙하게 쓰도록 가르쳐야 하는 최우선 책임이 있는 언어는 언어 1, 관계의 언어, 기도의 언어라고 결정했다. 최대한 많은 언어를 사랑과 반응과 친밀함의 발화로 만드는 것이 나의 책임이다.

"아바! 아버지!"

의에 주리고 목마른 자는 복이 있나니

민둥한 불신앙은 마치 바위처럼

겹겹이 쌓인 난기류를 뚫고 떨어진다.

이 빨간 꼬리의 매는 표류하고 미끄러진다.

배는 고프나 서두르지 않으면서,

쉽게 얻을 수 있는 썩은 고기 따위는 게으른 듯 경멸한다.

쉽게 잡히지 않는 예비된 먹이를 노련하게 기다린다.

보이지 않는 포만감 위에

보이는 비움이 있다.

태양은 공작비둘기를

적갈색으로 칠하고

거대한 하늘을 배경으로 깃털을 새겨 넣으며

내 눈을 즐겁게 한다.

눈이 좋은 그 새에게 한줄기 빛을 선사하여

창세기의 운명으로 죽을

방울뱀을 겨냥하게 한다.

내가 자랄 때 주변 사람들은 '의지를 꺾는 것'에 대해서 많이들 이야기했다. 모든 경건한 부모의 임무는 자녀의 '의지를 꺾는 것'이었다. 어른들이 서로에 대해서 그렇게 말하는 것은 한 번도 들어본 적이 없는데, 어쩌면 내가 일부러 잘못 기억하는 것인지도 모르겠다.

우리 교회에서 했던 기독교 개발 프로그램의 핵심에 깔린 가정은 의지, 특히 어린아이의 의지는 하나님의 뜻과 상반된다는 것이었다. 그래서 의지가 꺾이면 그 사람에게 하나님의 뜻이 마음껏 작용할 수 있게 된다고 생각했다.

50년이 지나서 이제는 성인이 된, 당시에 나와 함께 그 어린이 영성 학교에 들어가 정기적으로 의지가 꺾인 친구들을 생각해본다. 내 관찰에 따르면, 우리 모두는 교회(적어도 어린아이의 의지를 꺾는 것을 전문으로 하는 교회)에는 발도 들여놓지 않은 할례 받지 않은 블레셋 사람만큼이나 고집 세고 완고하게 수십 년을 살았다. 꺾인 의지는 부러진 팔이나 다리처럼, 골절 부분에서 더 단단하게 아물었다.

또한 우리 교회에서 '주를 위해 결단하는 것'을 강조하고, 학교와 동네에서 나를 둘러싸고 있는 유혹을 의지력을 발휘해 거절하라고 강조하던 것에 대해서도 생각해본다. 부흥사와 목사들이 번갈아가며 내가 전에 했던 결심의 유효성에 의혹을 심어

주며 다시 하라고 촉구했기에 나는 그리스도를 위해서 그렇게 반복해서 결단할 기회가 많았다. 학교 친구들은 이 세상과 육신과 마귀의 유혹을 내게 제시해서, 거절하는 의지력을 날마다 연습할 수 있게 해주었다.

내 방 벽에는 세 돛대가 달린 배가 바람을 잔뜩 맞으며 푸른 바다 위를 항해하는 그림 액자가 걸려 있었는데, 그림 밑에는 이러한 글이 적혀 있었다.

바람은 똑같이 부는데
어떤 배는 동쪽으로 항해하고, 어떤 배는 서쪽으로 항해한다.

어디로 갈지를 정하는 것은
돌풍이 아니라 항해의 방향이다.

침대에 누워 있으면 그 그림과 글이 보였다. 나는 그 푸른 직사각형을 바라보며 키를 사용하고 바람 앞에서 침로針路를 바꾸는 법을 배웠다. 그 조악한 시가 내 안에 각인되었다. 그 그림은 어린 시절 교회에서는 순종하고 놀이터에서는 반항했던 의지의 에너지를 가시화하는 일종의 만다라가 되었다. 또 그 시는 만트라의 힘을 가지게 되었다. 그 그림과 시는 함께 어우러져 인생의 방향을 결정할 수 있는 내 의지의 능력을 성경만큼 강력하게 확인해주었다. 그 방향이 그리스도를 따르는 삶이라는 것을 나는 한 번도 의심해본 적이 없다.

의지에 대한 이 두 가지 접근, 즉 꺾는 것과 사용하는 것이 내 유년기와 청소년기 내내 공존했다. 나는 그 두 가지가 서로 상쇄하는 대립적인 것이라고 한 번도 생각해본 적이 없다. 지금도 마찬가지이다. 그러나 성인이 되어서는 그 둘의 불협화음에 혼란스러웠던 것이 사실이다.

그래서 의지를 꺾으라는 단순한 표어와 항해의 방향이라는 조악한 시보다 더 지혜로운 조언, 어른도 충분히 납득할 만한 조언을 찾아 나섰다.

인간의 뜻과 하나님의 뜻

탐색 초기부터 나는 혼란에 빠진 사람이 내가 처음이 아니라는 것을 알게 되었다. 남녀를 막론하고 이 문제 때문에 머리를 긁적이는 사람들을 많이 만났다. 알고 보니 수 세기 동안 진행됐고 지금도 진행되고 있는 토론의 한가운데에 내가 서 있었다. 햄릿이 던진 '사느냐 죽느냐'는 우리의 질문이 아니다. 존재가 문제가 아니다. 뜻이 문제다. '의지를 행사할 것인가 말 것인가?'

신의 은혜를 전하는 복음에서 인간의 의지는 어떤 자리를 차지하는가? 하나님의 뜻이 모든 것을 주도하는 세상에서 우리의 뜻은 방해만 될 뿐인가? 하나님의 뜻으로 존재하게 된 창조 세계와 그리스도의 뜻으로 시행된 구원 안에서 인간의 뜻이 차지할 자리가 있는가?

긍정적인 면에서 보자면, 의지는 내 존재의 핵심이다. 내 의지가 꺾인다면 나는 나 자신인가? 온전한가? 불구가 되어 목발을 짚고 절뚝이는 것 아닌가? 결정하고, 인생의 방향을 잡고, 자유를 행사하는 능력은 내가 그리스도를 위해서 무엇을 결정하려면 반드시 개발해야 하는 능력이다. 나는 그것이 가장 중요한 의지의 행사라고 믿으면서 자랐다. 그리고 지금도 그렇게 믿는다.

실행된 의지가 없으면 나는 더러운 싱크대에 걸쳐 있는 행주처럼 쓸모없는 사람이다. 내게 의지가 없다면 복음의 메시지 전체에 걸쳐 스타카토처럼 콕콕 찌르는 오라, 따르라, 일어나라, 사랑하라 같은 명령들이 붉은 피 한 방울도 뽑아내지 못하고 말랑말랑한 경건 속으로 가라앉고 만다.

그러나 내가 의지를 행사하는 순간, 여우에게 닭장을 맡긴 형국이 되어버린다. 그것이 바로 부정적인 측면이다. 겸손, 신뢰, 자비, 인내, 친절, 희망 등 그토록 알을 잘 낳던 토종닭들이 이제는 죽을 운명에 처했다. 내가 내 인생을 주도하고 있고, 비록 하나님을 저버리지는 않겠지만 겁쟁이처럼 그분을 의존할 필요는 없음을 알게 되는 것은 짜릿한 경험이다.

내 뜻은 내 영광이다. 그러나 또한 나를 가장 곤란하게 만드는 것이기도 하다. 내 안에는 깊은 결함이 있어서 내 구원을 바라시는 하나님과 나를 분리시킨다. 내 뜻 안팎에는 '무엇'인가가 자리 잡고 있는 것 같다. 성 바울이 "내가 행하는 것을 내가 알지 못하노니 곧 내가 원하는 것은 행하지 아니하고 도리어 미워하는 것을 행함이라"(롬 7:15)고 한 말을 곰곰이 생각하며 주님과 함께 "나의 원대로 마시옵고 아버지의 원대로 하옵소서"(마 26:39)라고 기도한다.

의지를 행사할 것인가 말 것인가, 그것이 문제다.

교차로를 살펴보다

나는 기도하고 생각했다. 질문을 던지고 책을 읽었다. 주변을 둘러보았다. 그리고 내가 아주 복잡한 교차로에 좌판을 벌인 상황임을 곧 깨달았다.

하나님과 그로 인한 내 영성만이 문제가 아니라 인간으로서 내가 가지는 거의 모든 특징—내가 일하는 방식, 말하는 방식, 사랑하는 방식—이 문제가 되었다. 일, 언어, 사랑이라는 신비 앞에서 나는 가장 큰 신비로 모아지면서 발전되는 통찰과 그 신비와 관련된 경험들을 발견했다. 가장 큰 신비란 바로 기도와 신앙과 순종으로 하나님과 내가 맺는 관계이다.

하나님의 뜻과 인간의 뜻이 교차하는 지점의 핵심에 있는 문제가 바로 모든 것의 핵심이었다. 하나님의 뜻과 내 뜻의 관계는 특수한 종교적 질문이 아니다. 그것은 '가장 중요한' 질문이다. 그 질문에 어떻게 대답하느냐에 따라서 우리 인간성의 모든 영역이 영향을 받는다.

내 인생에서 일어나는 생물학 너머의 일들, 그러니까 먹고 입는 것 너머의 일들에 주의를 기울일 때마다 이 의지라고 하는 특이한 문제가 연루되었고, 그 방식은 전혀 자명하거나 단순하지 않았다. 언제나 다른 뜻들이 끼어들었으며 내 뜻을 주장하거나 다른 뜻에 굴복하거나 하는 단순한 대안으로는 해결이 되지 않았다.

내가 특별히 주의를 기울이는 세 가지 경험의 영역은 누구에게나 공통된 것이다. 우리는 모두 일하고, 언어를 사용하고, (잠깐씩이라도) 사랑하고 사랑받는다.

일: 부정적 능력

나는 어린 나이에 아버지의 정육점에서 일의 세계에 들어섰다. 어른들이 일하는 세계인 그곳은 특권의 세계였고, 그곳에서 일할 때면 나도 어른이었다. 적어도 내 생각에는 말이다. 다섯 살 때 어머니가 내게 정육점 직원용 흰 앞치마를 만들어주셨다. 해마다 키가 자라면, 어머니는 새 앞치마를 만들어주셨다. 오늘날까지도 나는 한나가 어린 사무엘을 위해 만들어주었을 린넨 에봇이 내가 했던 앞치마와 같은 모양과 소재였을 것이라고 생각한다.

처음에는 바닥을 쓸고 장식장 유리를 닦는 쉬운 일부터 시작했다. 그 일에서 졸업한 다음에는 햄버거 고기를 가는 일로 넘어갔다. 누군가 나를 안아서 붉은색 고기 분쇄기 앞에 엎어 놓은 오렌지 상자 위에 올려주면, 린넨 에봇을 입은 나는 그 기계 구멍에 고깃덩어리를 집어넣었다. 드디어 내게 칼을 맡기면서 조심히 다루고 잘 관리하라고 하시던 날, 나는 이제 어른이 될 날이 멀지 않았음을 알았다.

아버지의 정육점에서 일하던 에디 노드햄 아저씨는 "칼은 자기 나름의 의지가 있다"고 내게 말하곤 했다. "네 칼을 알아야 해." 내가 칼에 손을 베면, 그는 부주의 때문이 아니라 무지해서 그렇다며 나무랐다. 내가 내 칼을 '알지' 못했다는 것이다.

나는 또 소고기도 자기 나름의 의지가 있다는 것을 배웠다. 고기는 무력한 육질과 연골과 뼈의 덩어리가 아니라, 나름의 특징과 관절, 질감과 결이 있다. 소의 사분의 일을 구이용과 스테이크용으로 해체하는 작업은 칼로 강화된 내 의지를 멍청한 물질에 행사하는 것이 아니라, 존중하며 조심스럽게 물질의 실재 속으로 들어가는 일이었다.

아버지는 고깃덩이에 자기 의지를 무지하게 행사하는 정육점 사람들에게 '해커'라는 모욕적인 호칭을 붙이셨다. 그들은 소고기와 돼지고기의 미묘한 차이를 고려하지 않는다. 일반 칼과 큰 식칼을 부적절하게 사용하고 잘 갈아놓지 않는다. 그들은 베이컨 덩이와 소고기 우둔살에 자기 뜻을 강제하는 깡패들이다. 그 결과물은 매력과 경제성과는 거리가 멀다. 그들이 일한 뒷자리는 지저분해서 나머지 사람들이 치워야 했다.

진짜 일은 언제나 손에 쥔 재료를 존경한다. 재료는 돼지고기 허리 살일 수도 있고, 마호가니 판자일 수도 있고, 진흙 덩어리일 수도 있고, 하나님의 뜻일 수도 있지만, 잘된 일에는 주어진 조건에 대한 의지의 굴복 같은 것, 겸손의 계발 같은 것이 있다. 이것은 목수, 도공, 시인, 기도하는 사람 등 모든 숙련된 일꾼들에게서 볼 수 있는 특징이다.

'부정적 능력'은 시인 존 키츠John Keats가 이와 같은 일의 경험을 언급하기 위해서 만들어낸 말이다. 그는 윌리엄 셰익스피어가 희곡에서 그토록 다양한 인물을 만들어내면서도 누구 하나 셰익스피어 자신을 투사한 인물은 없는 것에 깊은 인상을 받았다. 각 인물이 자신만의 독립적인 삶을 살았다. 키츠는 이렇게 썼다. "시인에게는 정체성이 없다.…그는 끊임없이…다른 몸을 입는다." 진짜 창의적인 뜻이 무르익는 유일한 길은 다른 사람이나 사물에 자신의 뜻을 부과하려고 기를 쓰는 사람에게 있지 않고, "사실과 이유를 짜증스럽게 추구하지 않고 불확실과 신비와 의혹 가운데 머물 수 있는" 사람에게 있다고 그는 믿었다. 흥미로운 사실이다. 셰익스피어를 통해서 우리는 사람에 대해 많은 것을 배웠는데, 정작 시인 자신에 대해서는 아는 것이 거의 없다.

청소년들은 자기표현에 집착하는 일꾼들이다. 그 결과는 넋두리이다. 히죽대는 노래이다. 제멋대로인 시이다. 진부한 편지이다. 허풍떠는 개혁이다. 에너지가 폭발했다가 이내 연료가 떨어지고(자아 탱크는 그렇게 많은 연료를 담지 못한다) 끝내지 못한 모형과 친구와 프로젝트로 집과 동네를 지저분하게 만든다. 자아를 발견하고 흥분한 청소년은, 이제 인생은 다른 사람들의 교화를 위해서 그것을 표현하는 것이라고 생각한다. 그러나 사실 사람들은 따분해할 뿐이다.

아기를 만드는 일이건 시를 짓는 일이건, 햄버거를 만드는 일이건 거룩함을 이루는 일이건, 진짜 일은 자기표현이 아니라 오히려 그 반대이다. 진짜 일꾼들, 숙련된 일꾼들은 부정적 능력을 실행한다. 일이 저절로 발생할 수 있도록 자아를 억제한다. 세례 요한이 "그는 흥하고 나는 쇠하여야 한다"고 한 말이 모든 잘된 일에 새겨져 있다. 우리가 일을 잘한다는 것은 자신의 기호와 경험과 가치를 억제해서, 재료든 사람이든 과정이든 우리 하나님이든 그 성질에 우리 자아의 영향을 최대한 적게 미치는 것이다. 일하는 일꾼은 자기를 내세우지 않는 종이다. 일꾼이 자기 일로 자기를 자랑하면, 일을 망쳐서 나쁜 일이 되고 만다. 자아의 투사, 자아의 방종이 된다.

예수님이 "자기를 비웠다"(빌 2:7)고 한 바울의 묘사는 성육신 사역의 핵심으로, 우리 구원을 이루는 일의 핵심으로 종종 인용된다. '케노시스kenosis.' 채우기 전에 비워야 한다. 하나님의 아들은 하나님이 창조 세계와 창조물을 구원의 영광으로 채우기 위해서 사용하시는 존재가 되기 위해서 특권과 신적 권리, 지위와 명성을 버렸다. 양동이는 그 안에 무슨 대단한 내용물이 들어 있건, 다음 일을 위해 비워야만 한다. 부정적 능력이다.

그동안 내게 주어졌던 모든 일이 하나님의 일을 배우는 견습생 기간이었음을 이제 깨닫는다. 내가 부엌, 침실, 작업실, 경기장, 스튜디오, 예배당에서 경험하는 모든 것은 부정적 능력의 미묘함을 갖추도록 나를 훈련시켜준다. 나보다 더 큰 것, 나를 넘어서는 것, 즉 하나님의 뜻이 내가 의지적으로 하는 일에 나타날 수 있도록 내가 이미 잘하는 일에 내 의지를 발휘하지 않는 의지를 발휘한다.

언어: 중간태

그로부터 10년 후, 서쪽으로 8백 킬로미터 떨어진 곳에서 내 인생에 또 한 가닥의 경험이 들어왔고, 그 경험은 몇 년간 정육점 칼 옆에 앉아 있다가 그 칼과 합해져 기도하는 의지의 본성에 대한 통찰을 주었다.

나는 4년간 방학 기간을 제외하고는 날마다 시애틀 퀸 앤 언덕Queen Anne Hill 발치에 있는 맥밀런 홀 지하실로 내려갔다. 벽 높이 나 있는 좁은 창에 쳐진 베니치아풍 블라인드 사이로 희미하게 빛이 들어왔다. 나는 그리스어를 배우고 있었다. 낯선 언어 때문에 골머리를 앓던 그때, 부드러운 음성의 위니프레드 위터Winifred Weter 교수님은 나를 무던히 인내해주셨다.

내가 가장 어려워한 것은 중간태中間態였다. 다섯 명 정도가 수강하는 작은 강의였는데, 내가 제일 늦게 깨쳤다. 그 정도 규모에서는 이해가 느린 사람은 표가 났고, 나는 거북이 학생이라는 평판이 나날이 커지는 것이 마음에 안 들었다. 그러던 어느 날, 부슬비 내리던 시애틀의 겨울 오후에 그 강의실에 빛이 가득 들어왔다. 적어도 내가 앉은 자리만큼은 그랬다. 크세노폰Xenophon의 《아나바시스Anabasis》를 삼분의 이 정도 읽어나갔을 무렵, 비로소 나는 신비로운 중간태를 이해했다.

당시에 나는 이해하기 어려운 그리스어 문법을 하나 터득했다고만 생각했다. 그런데 그로부터 몇 년 후, 나는 그때 존재의 거대한 영역과 기도 방식을 간파한 것이었음을 깨달았다. 그 당시에 이해가 가장 느린 학생은 나였지만, 중간태를 어려워한 학생은 나뿐이 아니었다. 능동태와 수동태는 이해했지만, 중간태는 완전히 새로운 녀석이었다. 능동태로 말할 때는 내가 변화를 가져오는 행동의 주체다. "내가 친구에게 조언한다." 수동태로 말할 때는 다른 사람이 주도하는 행동을 내가 받아들인다. "친구가 나에게 조언해준다." 중간태로 말할 때는 다른 사람이 주도한 행동의 결과에 내가 적극적으로 참여한다. "내가 조언을 받는다." 대부분의 발화는 능동과 수동으로 나뉜다. 내가 행동하거나 행위의 대상이 된다. 그러나 때로는 그러한 대조만으로는 충분하지 않을 때—우리의 인간적 특징이 가장 잘 나타나는 때—가 있다. 두 가지 의지가 작용하는데, 서로 상쇄시키지 않고 배제하지 않으며, 서로 존중한다.

내 문법책에는 이렇게 나와 있었다. "중간태는 주체가 행위의 결과에 참여하는 것을 묘사하는 동사의 용법이다." 지금 그 부분을 읽고 있으니, 마치 그리스도인의 기도를 설명하는 내용을 읽는 것 같다. "주체가 행위의 결과에 참여한다." 내가 행위를 통제하지 않는다. 그것은 내 주문이나 의식을 통해서 신들이 일하게 하는 이교적인 기도 개념이다. 나는 행위에 의해 통제받지도 않는다. 그것은 신과 여신들의 비인격적이고 운명적인 뜻에 수동적으로 굴복하는 힌두교의 기도 개념이다. 나는 다른 존재, 즉 창조하시고 구원하시는 내 주께서 시작하신 행동에 들어가 그 행동의 결과에 참여한다. 내가 행하는 것도 아니고 내게 그대로 행해지지도 않는다. 발휘된 의지에 내가 의지적으로 동참하는 것이다.

기도와 영성의 특징은 참여이다. 하나님과 인간, 그분의 뜻과 우리의 뜻이 복잡하게 참여한다. 은혜의 강에 자신을 방치하고 사랑의 바다에 빠져 정체성을 잃는 것이 아니다. 우리가 배후조종을 해서 우리 삶에 하나님의 작전을 개시하고, 확신에 찬 우리의 정체성에 하나님을 종속시키는 것도 아니다. 우리는 하나님을 조정하지도 않고(능동태), 하나님의 의해 조정되지도 않는다(수동태). 우리는 행위에 연루되어 있고 그 결과에 참여하지만 그것을 통제하거나 정의하지 않는다(중간태). 기도는 중간태로 이루어진다.

그 문법책에 나오는 가장 멋진 문장은 이것이다. "이 가족 언어의 조상 언어에는 수동태가 없고 능동태와 중간태만 있었다는 것만큼 확실한 사실은 없다. 중간태는 원래 능동태만큼 두드러졌지만 지금은 어느 언어에서건 대표적 예시가 없으며, 의미의 특징이 없는 형태로만 남아 있다." 수동태가 없다니! 생각해보라. 우리 언어의 기원에서는 내가 어떤 식으로든 참여자로 연루되어 있지 않은 행동을 표현하는 방법이 없었다.

그러나 에덴에서 멀어지면 멀어질수록 중간태를 사용하는 경우도 줄어들며, 결국에는 사용 부족으로 위축되고 만다. 우리는 자신의 운명을 주도하거나(능동태) 다른 사람이 주도하게 하고 감당 못하게 큰 세력 앞에 선 동물처럼 수동성에 빠져버린다(수동태). 복음은 중간태를 회복해준다. 우리는 자신에게서 유래하지 않은 행위에 기도와 의지로 관여하며 사는 법을 배운다. 우리가 개인적으로 연루된 행위에 주체가 된다. 중간태에서는 주어 다음에 목적어가 온다. 모든 사람과 사물이 주어가 된다.

에덴의 자만심과 불순종은 중간을 생략하고, 우리를 수동과 능동이라는 두 가지 태로 축소시킨다. 그래서 우리는 둘 중 한

편을 들게 된다. 이 제3의 태, 하나님 안으로 들어가고 하나님에게 반응하는 인간의 절묘하고 독특한 모험에 미세하게 맞춰진 이 용법에 대한 동사적 경험이 우리는 충분하지 않거나 전혀 없다. 그러나 능동태와 수동태로만 존재할 수 있는 우정이나 연애나 결혼은 없다. 또 다른 것이 필요하다. 수없이 미묘한 참여와 친밀감으로, 신뢰와 용서와 은혜로 발산되는 자발성이 필요하다.

인간과 그리스도인으로서 우리의 최고 모습은 하나님과 그분의 창조 세계에 명령을 내리는 파시스트가 아니다. 인간과 그리스도인으로서 우리의 최고 모습은 운명 앞에 말없이 굴복하는 정적주의자가 아니다. 인간과 그리스도인으로서 우리의 최고 모습은 능동태와 수동태 사이에 서서 중간태로 기도한다. 필요에 따라 능동과 수동을 다 사용하지만, 하나님을 흠모하고 그분의 은혜를 받으며, '행위의 결과에 참여하는' 피조물로서 독특하고 예술적인 자신의 모습을 잃지 않는다.

이런 엄청난 것을 비 내리는 시애틀의 기나긴 겨울에 크세노폰을 읽으며 배우기 시작했다니!

사랑: 의지적 수동성

그 후로 또다시 10년이 흘러 결혼하고도 몇 년이 지났을 때,

내 뜻과 하나님의 뜻에서 그 어떤 경험보다 풍성한 경험을 하고 있는 나를 보고 놀랐다. 결혼이란 성생활, 가정생활, 동료애, 자녀 출산이 전부라고 생각했다. 내가 놀란 이유는 결혼이 의지의 문제에 대해 날마다 과제를 던져주고 시험도 자주 보는 영성—기도와 하나님—대학원이라는 사실 때문이었다.

(결혼생활에서 내가 배운 것은 우정에서도 배울 수 있고 어쩌면 더 잘 배울 수도 있다. 결혼하지 않은 사람도 결혼한 사람만큼 많은 경험을 한다. 그러나 내 일차적 경험이 결혼생활에서였으니 그에 대해서 쓰겠다.)

결혼생활에서 두 의지가 동시에 작용하는 것은 당연한 사실이다. 때로, 특히 결혼 초기에는, 두 의지가 자발적으로 일치하여 하나로 경험한다. 그러나 시간이 지나고 초기의 희열이 일상과 요구로 바뀌면, 선물로 경험했던 것을 이제는 기술로 발전시켜야 한다.

그 기술이 바로 의지적 수동성이다. 이 말은 자기모순처럼 들리지만 사실은 그렇지 않고, 내가 아버지의 정육점에서 배우기 시작해서 위터 교수의 그리스어 수업에서 계속해나갔던 것과 일맥상통한다.

의지적 수동성의 기술을 배우는 것은 우리 삶에서 수동성이 하는 크고도 창의적인 역할을 인정하는 데서 시작된다. 우리는 삶의 많은 부분을 수동태로 경험한다. 인생은 벌어지는 것이며, 우리는 받는다. 우리는 이미 존재하는 것에 들어간다. 우리의 유전자, 공기, 먹이사슬, 부모, 강아지 등은 우리가 의지를 행사하기 전에 이미 그 자리에 있다.

우디 앨런Woody Allen은 이렇게 말했다. "인생의 80퍼센트는 그냥 그 자리에 나타나는 것이다." 우리가 의지를 행사해서 하는 일이 아무리 많다 해도, 다른 의지들에 의해 우리에게 벌어지는 일에 비하면 아무것도 아니다. 우리 인생은 이미 이루어진 것 안으로 들어가는 것이다. 인생의 대부분은 우리가 행하는 것이 아니라 우리에게 행해지는 것이다. 이러한 수동성을 부인하거나 회피하면, 아주 작은 세상에 살게 된다. 능동성의 세계는 자그마한 기업에 불과하고, 수동성의 세계는 거대한 우주이다. 날씨, 우리의 몸과 부모, 정부, 풍경, 교육 등을 우리는 우리에게 일어나는 대로 경험한다.

그러나 수동적이라고 다 같지는 않다. 민달팽이처럼 늘어지고 주의를 기울이지 않는 수동성이 있고, 예배처럼 의지적이고 주의를 기울이는 수동성이 있다.

성 바울이 한 유명한 말, "아내들이여 자기 남편에게 복종하기를 주께 하듯 하라. 남편들아 아내 사랑하기를 그리스도께서 교회를 사랑하시고 그 교회를 위하여 자신을 주심같이 하라"(엡 5:22-25)는 의지적 수동성이 수평적으로 작용함을 보여준다.

바로 앞 문장이 전체 맥락을 밝혀주는데, 그 맥락이 없으면 이 이중 지침은 오해를 살 수밖에 없다. 그 문장은 바로 이것이다. "그리스도를 경외함으로 피차 복종하라"(엡 5:21).

경외함이 이 문장의 핵심이다. '엔 포보 크리스투*en phobo Christou.*' 경외하고 집중하며 사랑과 흠모로 반응할 준비가 되어 있는 것. 우리는 하나님이 무엇을 원하시는지를 정확하게 아는 자신만만하고 자만에 찬 지식으로 그분과의 관계를 배우지 않는다. (그러한 지식을 얻고 나면 우리는 하나님을 대신해서 열심히 이 세상을 청소하는 캠페인에 착수한다. 그러면서 하나님께 명령하고 이래라저래라 하면서 당신의 뜻을 우리가 성취하도록 도우라고 한다.) 하나님을 기분 나쁘게 할까 봐 불안하게 살피며 웅크리지도 않는다. 확실하게 명령을 받을 때만 어떤 말이나 행동을 하고, 나머지 시간은 무엇이 하나님을 기분 나쁘게 했는지 끝도 없이 걱정하며 보내지 않는다.

복음 경외, 그리스도 경외, 배우자 경외는 그런 것이 아니라 강렬하고 (그러나 결코 주제넘지 않은) 대범한 자유이며, 자발적 에너지가 넘치는 자유이다. 바로 그 맥락에서 우리는 하나님 앞에서 사랑받고 사랑한다.

우리는 압제당할 것이라는 두려움 없이 그리스도 앞에 언제든 엎드릴 수 있다. 그리스도께서 이미 우리를 위해서 십자가에서 자기 목숨을 내놓으시고, 조금도 망설이지 않고 다 쏟아부으셨기 때문이다. 의지적 수동성이다.

성 바울은 남편과 아내들에게, 어떻게 그들의 의지가 전쟁 무기가 아니라 사랑의 수단이 될 수 있는지를 가르친다. 그는 자발적으로 희생하신 그리스도에 비유하며 양쪽 모두에게 의지적 수동성을 조언한다. 사랑은 자발적으로 내 뜻을 포기하는 것이다("내 원대로 마시옵고 아버지의 원대로 되기를 원하나이다"). 자발적인 십자가의 죽음이다.

결혼생활은 의지적 수동성의 가능성을 폭넓게 경험하게 해준다. 우리는 자신이 만들어내지 않은 복잡한 현실에서 날마다 관계를 맺는다. 심장과 신장이 살아 있는 이 사람, 영광스러운(또한 그다지 영광스럽지 않은) 감정을 가졌고, 한 순간 내 관심을 크게 끌어당겼다가도 이내 참을 수 없이 지루하게 만들 수도 있는 이 사람, 친밀함을 공유하는 삶을 선택하고 지시하고 의도할 수 있는 자유를, 그러한 의지를 가진 이 사람—이 부분이 가장 신비롭다—과 날마다 관계를 맺는다.

나 또한 그러한 존재이며, 의지도 있다. 어떻게 해서 잘하고 있는지 늘 아는 것은 아니지만, 잘할 때는 두 의지가 서로 강화시키고 영광스럽게 한다. 자신의 의지를 상대에게 부과할 때는 사랑이 발전하지 않고, 상대의 의지에 민감하게 반응할 때, 내가 의지적 수동성이라고 부르는 것을 시행할 때에만 사랑이 발전한다는 것을 우리는 곧 배운다. 그 작용이 상호적이라면—그럴 때가 있다—그 결과 위대한 사랑이 탄생한다. 높은 결혼 실패율은 그것이 어렵다는 사실을 입증하는 슬픈 통계다. 우리는 사랑하는 상대에게 자신을 만족시키는 행동을 명령하는 능동가로 행동하는 것을 더 좋아한다. 그러나 그렇게 하면 우리의 짝은 무력한 수동성이나 반항 외에는 선택의 여지가 없게 된다.

어느 쪽이든 모호함은 없다. 그러나 동시에 사랑도 없고, 믿음도 없다.

예수님은 "이제부터는 너희를 종이라 하지 아니하리니…너희를 친구라 하였노니"(요 15:15)라고 말씀하셨다. 이 본보기를 통해 우리가 하나님과 깊어지는 친밀함을 이해할 수 있다는 사실은 자명하지 않은가? 강아지처럼 비굴한 복종이나 정략적인 사제의 조종이 아니라, "하나님과 동등됨을 취할 것으로 여기지 아니하시고 오히려 자기를 비워 종의 형체를 가져 사람들과 같이 되"(빌 2:6-7)신 그분의 자발적 수동성을 모방하고 그에 비길 만한 자발적 수동성이야말로 우리가 따라야 할 본보기이다.

고의성인가, 자발성인가?

제럴드 메이Gerald May는 《의지와 성령Will and Spirit》에서 고의성과 자발성을 구분한다. 일에서든, 언어에서든, 결혼에서든, 기도에서든, 모든 친밀감의 행위는 고의성은 억제하고 자발성은 계발한다.

창조 행위에서 우리는 모두 고의성을 억제하고 자발성은 계발한다. 거기에는 자아보다 더 큰 무엇, 자신보다 더 나은 어떤 것에 연루되어 있다는 깊은 의식이 있다. 그리스도인들에게는 그 '더 큰'과 '더 나은'을 지칭하는 인격적인 이름이 있다. 바로 하나님이다.

자유로운 의지의 자질 중 하나는 그것이 작용하는 필연성의 성질과 범위를 아는 것이다. 필연성에 신경 쓰지 않으면 의지는 교만해지고 자만심에 빠지거나(그렇게 되면 반드시 비극으로 벌을 받는다고 그리스인들은 생각했다), 식물 상태와 구별되지 않는 무기력함으로 움츠러든다. 건강하고 원기 왕성한 의지―자유로운 자발성―안으로 들어선 겸손한 담대함(혹은 담대한 겸손)은 우리의 구원을 의도하신 예수 그리스도께 드리는 기도에서 가장 잘 표현되고 가장 만족스럽게 경험된다.

긍휼히 여기는 자는 복이 있나니

십억 년을 내려친 파도,
배를 부숴대는 변화와 요나의 폭풍이
인색하고 용서 없는 화강암을
진정제 같은 이 해변으로 만들어놓았다.
자비의 물결 리듬에 씻겨
콘크리트 도시에서 자비롭게 벗어난다.
거리낌 없이, 맨발로,
나는 애서티그Assateaque의 모래에 발목까지 담그고,
베개처럼 누운 모래 언덕에 새겨진
풍성한 연민의 문양에 깨어 있다.
도요새와 갈매기가 경쾌하게 날며
정확한 모양으로 경건하게 주의를 기울인다,
소금에 절인 내 거룩한 고독에.
그러고는 돌봄과 죽음을 가르며 움직이는

부정확한 썰물과 격랑의 경계를 따라
먹이를 얻고 날아간다.

내가 청소년이었을 때 교회 목사님이 우리 집에 자주 오셨다.
어색하고 짧은 침묵이 흐른 후에 그는 늘 내게 물었다. "오늘 네
'영혼'은 어떠니?" (그는 늘 '영혼'을 강조해서 발음했다.)

나는 별 말을 하지 않았다. 너무 겁을 먹었기 때문이다. 당시
에 내 삶을 채우던 생각과 경험들은 그 질문 앞에서 초라해 보
였다. 물론 내가 혹 '영혼'의 문제를 의논하고 싶다면 그를 찾아
갈 수 있다는 것은 알았다. 그러나 그 경우를 제외한다면, 농구
대표 팀에 발탁되지 못했을 때의 기분을 세속적 허영이라고 치
부하지 않을 사람, 내가 캘리포니아에서 새로 전학 온 여학생에
대해 품은 생각에 무시무시한 지옥불의 위협을 가하지 않을 사
람이 아마도 대화 상대로 더 적합했을 것이다.

나중에야 알았지만, 목회란 일상을 전문으로 하는 기독교 사
역이다. 사고팔고, 방문하고 만나고, 오고 가고 하는 일상의 일
들에 주의를 기울이고, 몰두하고, 그것을 감사히 받아들이는 것
이 목회의 본질이다. 출생과 죽음, 회심과 헌신, 세례와 성찬,
절망과 축하 등 위기의 사건들도 물론 다룬다. 이러한 일들 또
한 인생에서 일어나는 일이고, 따라서 목회에 포함된다. 그러나
날마다 일어나는 일들과는 다르다.

위기는 소수의 사람들이 인생의 특정 시기에만 만나는 것이

다. 목회가 인생의 실제 상황에서 복음을 대변하고 믿음의 삶을 발전시키는 것이라면, 소설가 윌리엄 골딩William Golding이 "평범한 우주"라고 표현한 것—아이들을 학교에 보내고, 저녁에 무엇을 먹을지 결정하고, 직장 동료의 징징대는 불평을 들어주고, 텔레비전에서 저녁 뉴스를 보고, 휴식 시간에 잡담하는 일상적인 일들—에 편안히 거하는 법을 배워야 한다.

잡담은 특정 주제에 대해서 이야기하는 것이 아닐 때, 논리적으로 생각하거나 현명하게 결정하거나 정확하게 이해하지 않아도 될 때 우리가 말하는 방식이다. 아무런 요구도 하지 않고 스트레스도 주지 않는, 우리를 안심시키는 말소리이다. 부담을 덜어주는 소리이다. 그 순간에 일어나는 일을 단순히 표현하는 목적 없는 이야기이다. 옛날에 그 목사님이 그러한 대화에 참여하기를 거부했다는(혹은 그런 대화를 할 줄 몰랐다는) 것은 실상 내 인생에서 일어나는 일이 대부분 영적인 차원 이하의 일임을 암시하는 것이었다. 내 경험의 많은 부분이 '세속적'이었고, 가끔씩 특별한 순간들만 '영적'으로 인정받았다. 나 자신이 목사가 되어서 그러한 접근 방식은 사람들의 삶에서 일어나는 대부분의 일에 내가 관여할 수 없게 만들고, 안개와 가랑비 속에서 믿음으로 사는 특별할 것 없는 일을 이야기할 수 있는 맥락을 상실케 한다는 것을 알게 될 때까지, 나는 그러한 관습에 의문을 달지 않았다.

평범한 것에 대한 조급함

속죄 이론에 대한 뜨거운 토론과 곧 다가오는 어린이 야구 시즌의 전망에 대한 가벼운 농담 사이에서 택하라고 하면 나는 망설이지 않았다. 내 선택은 언제나 속죄 이론이었다. 누군가가 종말론에 대해 질문하면 나는 곧 대화에 깊이 빠져들었지만, 대화가 동네 가게에서 파는 타이어에 대한 이야기로 옮겨가면 내 집중력은 바로 떨어졌다. 나는 의미 없이 고개를 끄덕이고 흠흠 거리면서 그 대화에서 빠져나와 더 긴급하고 촉박한 영혼을 만나는 일을 할 기회를 찾았다. 구원과 영원이라는 큰 메시지에 헌신한 내가 잡담이나 할 시간이 어디에 있단 말인가? "내 입에 불"이 있는데 날씨와 정치에 대한 두서없는 잡담이 나와 무슨 상관이란 말인가?

잡담을 불편해하고 참지 못한 목사가 나뿐만이 아니라는 것을 안다. 설교와 변증과 권고 같은 거창한 이야기가 우선순위라고 주장하면서 그 조급함을 합리화한 유일한 목사도 아니다.

그 합리화는 그럴듯해 보인다. 그토록 오랜 시간을 들여 타락 전 선택설의 세부 내용을 배워놓고, 이제 와서 피츠버그 파이어리츠 야구팀 이야기나 하고 있는 건 시간 낭비 아닌가. "세월을 아끼라!" 뇌세포에 지식이 가득 쌓여 있는데 양배추 인형에 대한 수다나 떠는 건 우리가 할 일이 아니지 않은가? 대화 주제를 정할 기회가 조금이라도 있다면, 영적으로 중요한 대화가 되도록 하는 게 우리 의무 아닌가? 또 주제를 정할 수 없다면, 우리가 소명 받고 훈련받은 대로 이 사람들을 일깨울 수 있는 방향으로 대화를 이끄는 것이 우리 임무 아닌가?

대학 시절과 신학교 시절에 내가 존경했던 사람들이 종종 그렇게 대화를 조작했고, 나도 그들의 영향을 많이 받았다. 그들은 우리가 예리하기만 하다면, 모든 대화를 증언으로 바꿀 수 있다고 믿었다. 비행기에 대한 가벼운 대화도 영원을 논하는 영혼의 대화로 바꿀 수 있었다. 주유소 직원에게 건네는 짧은 인사말도 "그리스도를 전하는" 기회가 될 수 있었다.

대화에 대한 이런 접근 방식에는 잡담이 끼어들 여지가 없었다. 모든 잡담을 조작하여 예수님, 구원, 영혼의 상태에 대한 거창한 대화로 끌고 갔기 때문이다.

잡담: 목회의 기술

그러나 그러한 언어 전략이 특정한 증언의 경우에 아무리 적절하다 하더라도(그러한 경우가 실제로 있다고 생각한다), 평소의 목회 방식으로는 문제가 있다. 우리가 원하는 방식으로 대화하도록 사람들을 강요한다면, 우리의 의제에 그들이 반응하도록 조작한다면, 그것은 그들의 평범한 일상을 진지하게 받아들이는 것이 아니다.

그렇게 하면, 주께서 그들 인생의 뒷마당에서 자라게 하시는 자그마한 은혜의 푸른 싹들을 인식하기도 힘들다. 잡담을 피하는 것은 우리가 일하라고 배정받은 현장 자체를 저버리는 것이다. 인생의 대부분은 위기 상황이 아니며, 늘 중대한 문제에만 매달려 살지도 않는다. 대부분의 사람은 대부분의 경우 단순하고 일상적인 일과에 매여 있으며, 잡담이 그들의 자연스런 언어이다. 목사가 그것을 사소하게 보면 대부분의 사람이 대부분의 시간에 하는 일을 사소하게 보는 것이며, 복음을 잘못 대변하는 것이다.

"주님, 제가 심각한 문제들을 얼마나 싫어하는지요!" 내가 루이스의 편지에서 베껴놓고 기억하는 문장이다. 시끄럽고 거창한 것들, 머리기사에 나오는 것들만 중요하게 여기는 허세를 그가 지적한 말이다. 루이스는 중심에서 비껴나 있는 소박한 것들을 의식하지 못하는, 그래서 존재의 풍성한 현실 대부분에 참여하지 못하는, 도도한 교만을 경고했다.

목사들은 큰 진리와 자주 관계하기 때문에, 거대한 신비의 청지기이기 때문에 특히나 대화의 겸손을 계발할 필요가 있다. 겸손은 땅('후무스humus')에, 사람에, 일상생활에, 실제적인 일들에 가까이 있는 것을 의미한다.

오해는 하지 말기 바란다. 목회 대화에서, 홈통에 고인 물처럼 생각 없는 진부한 표현들만 늘어놓아서는 안 된다. 내가 말하고자 하는 것은 우리가 중대한 문제만큼이나 평범한 것들을 존중하면서 대화에 집중하고 참여해야 한다는 것이다. 어떤 통찰들은 웃을 때에만 접할 수 있다. 또 어떤 것들은 간접적으로밖에 얻지 못한다.

여기에는 기술이 필요한데, 잘난 체하지 않고, 마지못해서가 아니라 창의적으로 그 만남과 기회에 자신을 내어주는 것을 뜻한다. 우리는 어떤 일을 일어나게 하려는 것이 아니라 일어나는 일에 참여하려는 것이다. 그것을 통제하지 않고, 우리가 맡은 직위의 존엄성이 거기에 달려 있는 양하지 않으면서 말이다.

그러한 기술은 성령께서 우리의 모든 회의와 대화에 '선행'하신다고 확신할 때에 더 잘 개발된다. 나는 어린아이들을 받아주셨던 예수님이(추종자들은 이 사건에 놀라움과 격분을 금치 못했다) 우리의 사소한 대화도 받아주시리라는 생각이 결코 지나치지 않다고 생각한다.

우리는 매주 시내 산 강단에 올라 "기교 있는 천둥"(에머슨의 표현이다)의 권위로 사람들을 설득하리라는 희망으로 복음을 선포한다. 그러나 평지에 있는 사람들에게로 내려올 때에는 다른 기교가 필요하다. 바로 잡담의 기술이다.

마음이 청결한 자는 복이 있나니

봄의 황폐케 하는 눈사태로

문질러진 이곳은 꾸밈없다.

애추崖錐의 경사와 애퍼쿠니Appekunny 폭포의

이암은 목초지를 만들고

고지의 실유카는

이끼와 바위와 얼어붙은 작은 호수로부터

빛을 모아

태양의 치명적 광선을

회색 곰을 위한 식량과 벌을 위한 음료로 바꾼다.

하나님의 빛나는 얼굴 아래서

복 받으며 사는 마음이 청결한 동물들.

그러나 저 밑으로 떨어진 우리처럼

그들도 그 얼굴을 보면 살지 못한다.

모든 꽃은 젖가슴이다,

앞을 보지 못하고 더듬는

모든 신생아들이 궁극적으로 보게 하는.

이 화려함을 뚫고 영광을 향해

우리의 길을 만지며 간다.

매주 목사와 교인들 사이에는 줄다리기가 있다. 교회에 오는 사람들에 대한 서로 다른 관점 때문이다. 그 싸움의 결과는 예배, 설교와 기도, 몸짓과 어조로 드러난다.

사람들(특히 교회에 와서 목회 사역을 접하는 사람들)은 스스로를 인간적이고 도덕적인 관점에서 본다. 자신에게는 채워야 하는 인간적 필요가 있고, 교정해야 하는 도덕적 결함이 있다. 목사들은 사람들을 그것과는 퍽 다르게 본다. 우리는 그들을 신학적 관점에서 본다. 그들은 죄인이다. 하나님과 분리되었기에, 그리스도 안에서 회복되어야 하는 사람들이다.

목사의 사람에 대한 신학적 이해와 사람들의 자기 이해, 이 두 관점은 거의 항상 긴장 관계에 있다.

사람들을 죄인으로 보는 시각

죄인이라는 단어는 신학적 명칭이다. 이 점을 강조하는 것이 중요하다. 이것은 도덕적 판단이 아니다. 인간을 원숭이에서부터 천사에 이르는 범주의 어딘가에 놓고 그들을 상대적으로 '착하다' 혹은 '나쁘다'고 평가하는 말이 아니다. 이 말은 인간을 하나님과의 관계에 놓고 그들이 하나님과 분리되었다고 보는 것이다. 죄인은 인간과 하나님 사이에 무엇인가가 빗나가 있음을 뜻하는 말이다. 그러한 상태에서 사람은 악할 수도 있고 불행하거나 불안해하거나 가난할 수도 있다. 혹은 고결하고 행복하고 풍요로울 수도 있다. 그러한 것들은 판단 대상이 아니다. 신학적 사실은, 인간이 하나님과 멀리 떨어져 있고 그분을 섬기지 않는다는 것이다.

그렇다면 사람을 죄인으로 보는 것은 그를 위선적이거나 역겹거나 악하다고 보는 것이 아니다. 대부분의 죄인들은 아주 좋은 사람들이다. 누구를 죄인이라고 부르는 것은 그의 태도나 도덕성에 대한 일격이 아니다. 그 사람에게 용서와 은혜가 가장 중요하다는 신학적 믿음이다.

목사가 교인들에게 분개하고 신경질을 부리고 장광설을 늘어놓는다는 것은 그가 그들을 "자기 안에는 가치 있는 것이 하나도 없는" 죄인으로 보지 않고, 그들에게 사랑과 힘과 연민과 기쁨이라는 신의 속성을 은밀히 부과했음을 보여주는 징후이다. 물론 그들에게는 그러한 속성들이 전혀 성숙되어 있지 않기 때문에 목사는 늘 실망할 것이다. 반면에 목사가 사람들을 자기와 같은 죄인으로 엄밀하게 정의한다면, 슬픔과 결점, 고통과 실패를 그들과 나누려 할 것이고, 이 광야에서 하나님의 은혜가 작용하는 표시를 지켜볼 시간이 많을 것이다. 그리고 자신이 발견한 것을 열렬히 찬양할 것이다.

사람을 죄인으로 이해하면 분노 없이 목회할 수 있다. (목사들을 끊임없이 위협하는) 분노 축적은 비실제적인, 즉 비신학적인 전제를 버려야 해결된다. 사람들이 죄인이라면, 목사들은 앉아서 사람들이 나쁘다며 슬퍼하는 대신에 예수 그리스도 안에서 하나님이 하신 일에 대해서 이야기하는 데에 집중할 수 있다. 우리는 그들이 해낼 수 없음을 이미 안다. 그들의 타락을 이미 받아들였다. 우리는 그들의 돌봄을 받으며 쉬거나 그들의 성인다운 모습에 우리를 의탁하기 위해서 목사가 된 것이 아니다. "비록 경건한 사람이라 하더라도, 아니 어쩌면 특히 경건한 사람을 신뢰하는 사람에게 저주가 있을지어다"(라인홀드 니버). 우리는 예수 그리스도에 대해서 말하기 위해서 그들에게 왔다. 목회의 대화와 설교의 주요 주제는 은혜이다. "죄가 더한 곳에 은혜가 더욱 넘쳤나니"(롬 5:20).

그러나 목사는 사람들 자신이 이러한 관점을 지지하지는 않는다는 사실을 알게 될 것이다. 사람들은 대개 모든 사람에게는 신성한 내면이 있어서 그 부분을 일깨워줄 필요가 있다고 생각한다. 그들의 전제는 바울의 전제가 아니라 에머슨의 전제다. 그들은 목사에게서 도덕적, 신비적, 혹은 지적 차원의 도움을 개인적으로 받기를 기대한다. 사람들은 죄를 자신을 특징짓는 총체적인 사실로 대하지 않는다. 또 그에 대한 효과적인 처방으로 용서를 바라지도 않는다. 그들은 자신의 심리적 생활이 양육되기를 바란다. 은혜는 지나쳐버리고, 스스로 걸을 수 있는 방법을 찾는다. 그들은 목사에게 자신을 그리고 자신의 내적 자원과 가능성을 믿으라고 고상하고 진지하게 말한다. 목사는 쉽게 감동 받아 그러한 자기 이해를 받아들일 수 있다. 그러나 그것은 은혜가 없는 길이다. 목사는 거기에 굴복하면 안 된다. 그 길을 막아야 한다. 사람을 죄인으로 이해하지 않는 순간, 목회 사역이 헌신한 하나님의 말씀은 멀어진다.

사람을 죄인으로 보는 신학적 이해의 행복한 결과는 그들이 사실상 죄인이라는 사실에 목사가 계속해서 놀랄 필요가 없다는 것이다. 그렇게 되면 본회퍼의 권고를 받아들일 수 있다. "목사는 자기 회중에 대해서 불평해서는 안 된다. 다른 사람에게도 그렇지만 또한 하나님께도 불평해서는 안 된다. 하나님과 사람 앞에서 회중을 고소하라고 목사에게 회중을 맡긴 것이 아니다." 따라서 죄인은 정죄의 무기고에 있는 무기가 아니라 은혜에 대한 기대이다. 단순히 죄를 반대하는 것은 빈약한 목회 기반이다. 그러나 사람을 죄인으로 보는 것, 하나님께 반역한 사람, 표적을 벗어난 사람, 길에서 이탈한 사람으로 보는 것, 그것이 바로 큰 기쁨으로 계속해나갈 수 있는 목회의 기초이다. 왜냐하면 하나님이 예수 그리스도 안에서 '죄인들을 위해서' 하신 위대한 행위를 선언하기 때문이다.

죄의 특정 형태를 분별하는 것

그러나 신학적 관점을 세우는 것만으로 될 일은 아니다. 목사가 사람들을 정확하게 보기 위해서 무엇보다 신학자가 되어야한다면, 그 다음에는 죄가 나타나는 특정한 방식들에 대한 통찰을 재빨리 얻어야 한다. 목사들에게 죄는 신학적 지시문으로 남아 있지 않는다. 죄는 특정한 인간적 형태를 취하며, 따라서 특정한 목사의 반응을 요구한다. 죄를 너무 추상적으로 보는 것은 매우 위험하다. 죄는 사전적으로 연구할 수 있는 단순한 하나님과의 관계 실패가 아니다. 죄는 하나님의 뜻에서 개인이 이탈한 것이다. 목사는 죄에 대한 정의가 아니라 죄에 대한 이야기를 다룬다. 목사는 구체적 자리와 구체적 사람의 세계로 들어간다. 목사는 그리스도인의 삶이 개인의 인생이라는 시간의 경계와 그 사람의 주소라는 지리적 위치 내에서 가능하다는 기본 사실을 일상의 언어와 이미지로 확립하고자 한다.

따라서 사람은 죄인이라는 신학적 이해를 갖추는 것이 아무리 중요하다 하더라도 죄가 개인의 역사에서 취하는 특정 형태를 목사가 찾기 전에는 사역 준비가 되지 않은 것이다. 목사는 자세한 내용을 알고자 한다. 그는 사람들이 정확히 어떻게 죄인인지에 관심을 가진다. 그들이 죄인이라는 사실은 전제로 받아들인다. 그것을 받아들이지 않았다면 '십자가의 어리석음'에 대해서 설교하지 않을 것이다. 그러나 죄인이 되는 방법은 많다.

죄의 형태를 구분하고 구별하며, 그 다음에는 사랑하고, 기도하고, 증언하고, 대화하고, 각 교인의 얼굴에 적합하게 은혜를 설교할 때 목회 효과도 커진다.

청소년기의 사건들

존 베리맨John Berryman에 따르면, 세대마다 "잘 지내지 못하는 새로운 방법들"이 있다. 현 세대가 잘 지내지 못하는 방식, 즉 현 세대가 죄를 경험하는 형식은 청소년기의 사건들을 통해서이다. 사상과 생활양식이 어른들의 세계에서 시작되어서 청소년들의 세계로 전해지던 때가 있었다. 그러나 이제는 그 방향이 바뀌었다. 청소년 차원에서 생활양식이 탄생해서 위로 올라간다. 청소년들의 옷차림, 머리모양, 음악, 도덕이 어른들의 세계로 전파되고, 어른들은 그것을 따르기를 간절히 원하는 것 같다. 청소년 문화는 일종의 유행으로 시작해서 운동으로 자랐다. 오늘날 그 영향력은 거의 파시스트적이다. 좋건 싫건 모두에게 그 인식과 양식을 강제한다.

이러한 관찰은 사람에 대한 목회적 이해를 도모할 수 있게 해 준다. 청소년기의 경험이 윗세대로 해롭게 퍼지고 있다. 21세 생일로 끝나지 않고, 윗세대까지 감염시키고 있다. 30대, 40대, 50대 성인이 청소년 문화의 외적 장식만 취하는 것이 아니라,

실제로 청소년기에 전형적인 감정과 외상과 어려움을 경험하는 경우가 많다. 그들은 청소년기의 형태로 인생을 경험한다. 아들들이 지은 죄에 대한 벌을 아버지가 받는 형국이다.

청소년기의 두 가지 특징이 이러한 관점의 인간 이해를 설명해준다.

부적절하다는 느낌

첫 번째는 부적절하다는 느낌이다. 사람들은 자신이 그리스도인의 삶을 잘 살지 못한다고 생각한다. 그들은 자신의 신앙을 변명하고 방어한다.

부적절하다는 느낌은 청소년기의 특징이다. 신체, 감정, 정신 등 모든 면에서 빠르게 자라면, 그 무엇에 대해서도 자신감이 사라진다. 인생은 그가 숙달될 때까지 충분히 속도를 늦춰주지 않는다. 10대들에게는 이러한 감정을 가리는 여러 가지 장치가 있다. 허풍으로 가리거나, 또래 무리 속에 숨거나, 특수한 언어를 개발하고 특별한 옷을 입어서 자신이 능숙한 영역에서 나머지 세상을 배제시킴으로써 우월함을 유지하려고 한다. 그 변이들은 끝이 없지만, 상황은 똑같다. 청소년은 미성숙하고 따라서 부적절하다. 그래서 그는 이 부적절함에 대한 자의식이 강하다.

목사는 모든 연령대의 교인에게서 바로 그러한 모습을 본다.

사람들은 자신이 그리스도인으로서 잘 살지 못한다고 생각한다. 이것은 좀 놀라운 일인데, 왜냐하면 과거 교회에서는 적절한 수준에 도달한 지 오래되었다고 생각하는 바리새인의 문제를 해결해야 하는 경우가 더 많았기 때문이다. 오늘날에는 사람들이 자신의 그리스도인 정체성을 불편해하거나 두려워하는 경우가 훨씬 더 많다.

표면적인 이유는 새로운 세상이 너무 빨리 변해서 아무도 그 안에서 편안함을 느낄 여지가 없다는 것이다. 어른들도 청소년처럼 매주 새로운 세상과 맞닥뜨리고, 따라서 자신이 감당할 수 있다는 느낌이 들지 않는다. 이러한 어른이 교회에 가면 목사를 보고 적어도 저 목회자는 현실에 발을 단단히 디디고 있고 무엇이 어디에 있는지를 알 것이라고 생각한다. 사람들은 목사를 하나님과 관련된 일에 능숙한 사람이라고 생각하고 그에게 전문가의 역할을 부여한다. 이러한 과정은 자연스럽고 해로울 것이 없어 보인다. 청소년기의 부적절한 느낌과 그에 따라서 생기는 능숙함에 대한 존경만큼이나 자연스럽고 무해해 보인다. 그러나 그것은 옛 죄의 새로운 변장일 가능성이 크다. 즉 우상을 만드는 오래된 사업 말이다. 하나님은 사람들을 부르시지만, 그들은 하나님보다 못한 것으로 돌아서서 종교적 체험을 만들어내고 그분은 회피한다. 그들은 진짜를 직면하기에는 자신들이 '부적절하다'고 변명한다. 그들은 자신이 죄를 짓는 것이 아니라 겸손이라는 미덕을 획득했다고 생각하며 그 일을 한다. 그러나 신학적으로는 우상숭배의 냄새가 나는 일이다.

어떤 목사들은 일부러 불경한 말을 쓰고 〈플레이보이〉 잡지를 인용해서 하나님의 대리자라는 자신들의 이미지에 대항하려고 한다. 그들이 하려는 말은 사실 이것이다. "나도 여러분과 다를 바 없습니다. 나를 무슨 성인으로 보지 마십시오. 내가 하는 일을 보고 당신들 인생의 모범으로 삼지 마십시오." 그러나 그렇게 무엇을 부인하는 것만으로는 목회를 할 수 없다.

이러한 부적절한 느낌을 해결하는 바울의 기법이 있다. 바울은 에베소 사람들에게 쓴 편지에서 이렇게 말한다. "이로 말미암아 주 예수 안에서 너희 믿음과 모든 성도를 향한 사랑을 나도 듣고 내가 기도할 때에 기억하며 너희로 말미암아 감사하기를 그치지 아니하고"(엡 1:15-16). 에베소 교회가 현대 교회와 같은 비율, 즉 백 퍼센트 죄인들로 구성되어 있다고 한다면, 바울이 이토록 감사할 수 있는 회중을 가졌다고 부러워하는 것은 잘못이다. 오히려 그 사람들 안에서 이뤄지는 하나님의 행위를 볼 수 있었던 바울의 능력에 감탄하는 것이 더 낫다. 바울은 은혜의 징후를 알아보는 치밀한 눈을 가졌다. 그는 성령께서 그곳에 왔다 가셨다는 증거를 찾아 회중을 탐색하는 하나님의 염탐꾼이었다. 바울은 그들이 죄인이라는 것을 알았다. 그러나 그는 은혜를 설명하고 자신이 본 것을 그들도 보게 하겠다는 열정이 있었다. 그들 삶에서 일어나는 하나님의 활동, "그의 힘의 위력으로 역사하심을 따라 믿는 우리에게 베푸신 능력"(엡 1:19)을 말이다.

목사가 부절적함을 불쾌한 감정으로 본다면 그는 심리적, 도덕적 수단을 사용해서 그것을 없애려 할 것이다. 그러나 그가 그것을 죄의 징후로, 즉 그리스도 안에서 하나님을 직면하는 엄청난 임무에 대한 개인적 책임을 회피하는 것으로 본다면, 그는 하나님이 이 공동체 안에서 어떻게 살아 계신지를 지적하며 친절하고 부드럽게 그 하나님을 제시할 것이다. 어느 회중에서든 매주 일어나는 용기와 은혜의 사례들은 놀랍도록 많다. 어떤 사람 안에 작용하는 은혜를 알아보는 목회적 분별력은 그 사람이 살아 계신 하나님과 계속 접촉하게 해준다.

역사적 기억상실

다른 세대로까지 퍼져나간 청소년기의 또 다른 특징은 역사 감각의 부재이다. 물론 청소년에게는 역사가 없다. 유년기가 있기는 하지만, 개인적 구체성을 넘어서 역사적 감각을 산출하는 경험의 누적이 없다. 그의 세계는 매우 개인적이며 극도로 실증적이다.

그래서 10대는 매우 잘 속는다. 우리는 좋은 학교에서 잘 훈련받은 선생으로부터 교육을 받은 사람은 미신에 빠지지 않을 것이라고 생각한다. 사실을 요구하는 과학 지향 학교 교육은 증거와 논리를 지각하도록 청소년들의 정신을 단련시켰을 것이라고 생각한다. 그러나 그렇게 되지 않는 이유는 그들이 과거에 대해서, 선례와 전통에 대해서 아무런 감정이 없고 따라서 판단을 하거나 가치를 분별할 시각이 없기 때문이다. 역사적 사실을 알고 역사 소설을 수십 권 읽을지는 모르나 역사를 뼛속 깊이 느끼지는 못한다. 그들의 역사가 아닌 것이다. 그 결과, 그들은 모든 문제를 아무런 사전 지식 없이 처음부터 풀어나가기 시작한다. 자신들이 살아 있는 전통의 일부라는 느낌이 없다. 그 전통에는 이미 답이 더러 주어져 있고 반복할 만한 절차도 있는데 말이다.

이러한 정신 상태는 청소년기에 전형적이어서 어느 정도까지는 받아들여진다. 그러나 오늘날 특이한 점은 성인이 되어서도 변화가 없다는 것이다. 이와 같은 몰역사적 기억 상실이 성인의 특징이 되었다는 사실은 처음 달에 착륙했을 때 분명하게 나타났다. 닉슨 대통령을 포함해서 모든 사람이 앞다투어 역사적 추측을 했다. 닉슨 대통령은 그날이 인류 역사에서 가장 중요한 날이라고 다소 무모하게 선언함으로써 자신의 영적 지도자인 빌리 그레이엄을 분개케 했다. 그리스도의 탄생을 너무 쉽게 잊어버렸기 때문이다. 바로 이 사람들이 교회에 오면, 목사는 그들에게 기독 공동체의 일부라는 의식이 거의 없는 것을 발견한다. 2천 년 넘게 형성된 삶이 그 공동체의 성경과 예배와 순종의 형식에 담겨 있다.

그러한 사람들은 계속해서 진부함에 빠진다. 어떤 것이 중요한지 그들은 결코 말하지 못한다. 그들은 물질적인 것이든 영적인 것이든 사용하지 않을 것들을 계속해서 사들인다. 반복해서 같은 거짓말을 듣지만 결코 화내지 않는다. 그들은 잡지에서 주는 교훈에서부터 불가사의한 의식에 이르기까지 온갖 종교적인 양태들을 집적거리며 짧게는 실천해보기도 한다. 그러나 그 어떤 것도 꾸준하게 해내지 못한다. 그렇다고 특별히 지혜로워지지도 않는다. 역사 감각을 개발하지 못하고, 끊임없이 이어지는 하나님의 백성에 자신이 속해 있고 청소년기의 감수성을 넘어서 참신하고 환상적인 것을 향해 자라간다는 것을 의식하지 못한다.

목사가 이것을 문화적 결핍의 한 형태로 해석한다면, 그는 교사가 되어 사람들에게 그리스도인으로서 그들은 누구인지를 가르치고 그들의 기억을 과거로 확장해가려고 할 것이다. 그러나 그것은 잘못이다. 왜냐하면 그것은 기본적으로 문화적 상태가 아니기 때문이다. 청소년기의 정상적 특징으로 출발한 것이 그리스도인의 성인기까지 확장되면 그것은 죄를 가리는 (대개는 무의식적인) 영리한 책략이 된다. 죄는 하나님에 대한 의존과 이웃 간의 상호의존을 부인하는 것이며, 하나님의 백성이 되기를 거부하고 개인의 자아를 신처럼 취급해달라고 맞서서 강조하는 것이다. 에덴동산에서 하나님의 명령에 대한 순종을 직접적인 경험으로 대체하기로 한 결정은 한 세대 만에 살인을 낳

왔고, "내가 내 동생을 지키는 자입니까?"라는 건방진 그러나 매우 외로운 질문을 통해 역사와 공동체가 상실되었음을 보여주었다.

에스겔은 그와 비슷한 사람들의 목사였다. 그들은 하나님과 서로에 대한 책임을 지지 않기로 함으로써 역사 감각을 잃어버렸다. 그의 사역을 보면 목회적 반응에 대한 통찰을 얻을 수 있다. 이스라엘은 뿌리가 잘렸다. 유배지에서 과거의 의식과 전통은 아무런 상관이 없는 것 같았고, 백성은 이교적 환경의 손쉬운 먹이가 되었다. 개인의 기본 생존의 필요에서 비롯되는 종교를 만들어내면서 알아서 해나가려는 유혹을 모두가 받았다. 이 절박한 때에 에스겔은 학교를 열어 역사 교육을 시작하지 않았다. 그 대신에 새로운 인생을 설교하고, 백성의 죄를 폭로하고, 하나님의 은혜로 새 백성이 될 것을 그들의 양심에 호소했다. 하나님 백성의 언약적 삶에 기초가 확립되었고, 고대 중동(과 현대 서구!)의 문화적·경제적 개념과는 달리 그 기초는 구원의 길을 보여주고 미래를 약속함으로써 모든 사람에게 있는 신적 가치를 보호해주었다. 백성은 그들을 용서하고 그들에게 생명과 미래를 보장해줌으로써 여러 세대에 걸친 죄책감의 사슬을 풀어주시고 새로운 출발을 하게 해주시는 하나님을 섬기고 그분께 충성하는 인격적 관계에 자신을 내맡기라는 요청을 받았다. 그들은 역사를 가진 공동체 안으로 다시 편입되었다.

의심할 여지없이 이 일은 우선 선지자 자신의 집에서 일어났다. 장로들(겔 8:1; 12:9; 14:1; 20:1; 24:19)과 바벨론 식민지의 다른 사람들(33:30-33)이 하나님의 말씀을 듣거나 여러 문제에 대한 조언을 얻으려고 거기 모였다. 많은 사람들이 깊이 없이 단순한 호기심에서 그곳에 왔지만, 그래도 선지자는 회개하고 하나님의 새롭게 하심을 받으라는 자신의 호소에 반응하는 사람들을 더러 찾을 수 있었다. 그 결과, 유배 때문에 역사가 사라지는 것을 막기 위한 몸부림으로, 유산으로 받은 과거의 영적 소유물을 보존하기 위해 소집한 회의들에서 성령께서 삶에 대한 새로운 기대와 해결책을 주셨다. 미래에 대한 밝은 비전으로 재구성된 과거를 생생하게 인식하는 새로운 공동체가 확립되었다(40-48장). 에스겔은 백성이 비록 역사적으로 무지한 것은 사실이나 그것이 그들의 문제가 아님을 알았다. 그는 예리하게 '역사의 상실'로 위장한 죄를 예리하게 진단했고, 설득력 있게 은혜의 말씀을 전했다.

신속한 신학적 안목

오늘날 목회에서 만나는 사람들은 죄인이다. 그러나 겉으로는 그렇게 보이지 않으며, 심지어 많은 사람들이 그렇게 행동하지도 않는다. 오히려 그들이 그토록 동경하는 청소년처럼 보이고 행동하고 느낀다. '정체성'을 찾으려 애쓰고 '진실성'을 추구한다. 겉으로는 순진해 보이는 이러한 특징들 뒤에 숨은 죄의 움직임을 잡아낼 줄 아는 신속한 신학적 안목은 목사가 자신이 부름 받은 일, 즉 예수 그리스도의 중심에 있는 은혜와 용서의 사역을 나누는 일에서 벗어나지 않고 계속 잘 해나가게 해줄 것이다.

화평케 하는 자는 복이 있나니

거대한 구름 주먹들이 공격을 가한다,

파랗게 노출된 하늘의 횡격막을.

고통 속에 창공은 웅크린다.

번개가 하늘을 찢고 천둥이 고함친다,

대자연의 자녀들이 다툰다.

바로 그때, 시작할 때처럼 갑자기

다툼이 끝난다.

노아의 후손들이, 정화된 인식으로,

무장해제한 세상을 내다본다.

편안하고 향기로운 오존의 세상. 잔잔한 물.

어떤 기압 변화가 이 흉포함을 재배열해

평화로 맥박 치는 무지개 징표를 만들어냈을까?

적이 다른 뺨을 돌려댄다. 나는 경계를 푼다.

거울 같은 호수에 여과된 빛깔들이 투영된다.

바람에 이는 소나무가 조용히 노래한다.

앤 타일러Anne Tyler는 《꼭두각시Morgan's Passing》라는 소설에서 다른 사람들의 인생을 거쳐가는 한 중년 남자의 이야기를 들려준다. 주인공은 놀라운 침착성과 전문성으로 다른 사람을 가장해서 사람들의 기대감을 만족시킨다.

이 소설은 모건이 일요일 오후 교회 마당에서 인형극을 보는 장면으로 시작한다. 공연이 시작되고 얼마 안 돼, 한 젊은 남자가 무대 뒤에서 나와 묻는다. "여기에 혹시 의사 선생님이 계십니까?" 30-40초가 지나도 객석에서 아무런 반응이 없자 모건이 일어나서 천천히, 일부러 그 남자에게 다가가서 묻는다. "무슨 일입니까?" 인형극을 하는 사람의 아내가 진통을 시작해서 곧 아이를 낳을 것 같은 상황이었다. 모건은 그 젊은 부부를 자기 차 뒤에 태우고는 존스 홉킨스 병원으로 향한다. 중간쯤 왔을 때 남편이 말한다. "아이가 나와요!"

모건은 침착하고 자신 있게 갓길에 차를 세우고, 이제 곧 아버지가 될 그 남자에게 수건과 시트를 대신할 일요일자 신문을 사오라고 심부름을 보내고는 아이를 받아낸다. 그런 다음 병원 응급실로 차를 몰고 가서 엄마와 아기를 안전하게 들것에 옮기고는 사라진다. 소란이 가라앉고 난 후 부부는 모건 의사를 찾아 감사 인사를 전하고 싶어 한다. 그러나 그를 아는 사람은 아무도 없다. 부부는 어리둥절한 채 감사를 표할 수 없어서 안타

까워한다.

몇 달 후에 그들은 유모차에 아이를 태우고 가다가 모건이 길 반대편에서 걸어가는 것을 본다. 그들은 달려가서 인사하며 그가 받아낸 건강한 아기를 보여준다. 얼마나 그를 찾았는지 모른다며, 병원 체계가 형편없어 그를 찾아내지 못했다고 했다. 그러자 그는 평소와 달리 솔직하게, 자신이 의사가 아니라고 시인했다. 사실 그는 철물점 주인이었다. 하지만 그들에게는 의사가 필요했고, 그 상황에서 의사 역할을 하기란 그리 어렵지 않았다. 그것은 이미지 같은 것이라고 그는 말했다. 사람들이 기대하는 것을 알아내고 거기에 맞추면 된다. 모든 명망 있는 직업에 대해서 그렇게 할 수 있다. 그는 평생을 그렇게 했고, 상황에 따라서 의사, 변호사, 목사, 상담가를 가장했다.

그러면서 그는 털어놓았다. "배관공이나 정육점 주인 행세를 하는 경우는 없습니다. 그들은 내가 가짜라는 걸 금세 알아내니까요."

모건은 목사들이 일찍이 파악하는 사실을 알고 있었다. 즉 목회의 이미지 부분, 사람들의 기대에 부합해야 하는 부분을 위조할 수 있다는 사실이다. 우리는 목사가 아닌데 목사 행세를 할 수 있다. 그러나 문제는 자기 공동체 안에서는 적당히 넘어갈 수 있고 종종 칭찬도 받지만, 자기 자신은 넘어가지 못한다는 것이다.

적어도 모든 사람이 그러한 자신을 받아들이는 것은 아니다.

어떤 사람은 불만을 느낀다. 기분이 매우 안 좋다. 아무리 크게 성공해도, 그 연기가 아무리 칭찬을 받아도, 한 번씩 불쑥 올라오는 고뇌가 있다.

이 불만은 청교도적인 죄책감에서 비롯되는 것이 아니다. 우리는 우리가 받는 대가에 맞는 일을 하고 있다. 우리에게 월급을 주는 사람들은 그 돈에 아깝지 않은 보상을 받고 있다. 우리는 '후하게 달아주고' 있다. 설교도 좋고, 회의도 효율적이고, 의욕도 크다. 불만은 다른 차원에서 온다. 소명에 대한 기억, 영적 굶주림, 전문적 헌신의 차원에서 느끼는 불만이다.

직업의 위험

회중을 만족시키는 목사가 되는 것은 지상에서 가장 쉬운 일 중 하나이다. 회중을 만족시키는 것에 우리가 만족한다면 말이다. 근무 시간도 좋고, 사례도 적절하고, 위신도 상당하다. 그런데 왜 우리는 그 일이 쉽지 않은가? 왜 우리는 만족하지 못하는가?

왜냐하면 우리는 그것과는 무척 다른 일을 하려 했기 때문이다. 우리는 믿음의 모험에 삶을 걸기로 했다. 거룩한 삶에 헌신했다. 우리는 하나님의 크심을 깨달았고, 우리의 팔과 다리, 떡과 포도주, 뇌와 도구, 산과 강에 접속해서 그것들에 의미와 운명과 가치와 기쁨과 아름다움과 구원을 주는, 눈에 보이지 않는 거대한 것들이 있음을 깨달았다. 우리는 이 실재를 말씀과 성례전으로 전하라는 부름에 응답했다. 우리는 이 믿음의 공동체에 있는 사람들이 자신의 일과 놀이에서 하는 일을 하나님이 자비와 은혜로 하시는 일과 연결시키고 조화시키는 리더십을 발휘하기 위해 우리 자신을 바쳤다.

그 과정에서 우리는 전문직profession과 전문 기술craft과 직업job의 차이를 배웠다.

직업은 임무를 완수하기 위해서 하는 일이다. 직업의 일차적 요구는 그 임무를 부과하고 임금을 주는 사람이 누구든 그를 만족시키는 것이다. 우리는 사람들이 우리에게 기대하는 바를 배우고 그 일을 해낸다. 그렇게 일하는 것은 전혀 잘못이 아니다. 크건 작건 누구에게나 그런 직업이 있다. 누군가는 설거지를 하고 쓰레기를 내다버려야 하지 않겠는가.

그러나 전문직과 전문 기술은 직업과는 다르다. 누군가를 만족시키는 것을 넘어서는 의무가 있다. 전문직과 전문 기술은 실재의 성질을 추구하거나 형성하는 일이며, 우리가 헌신한 대로 하면 사람들은 그들이 단순히 우리에게 요구한 것을 할 때보다 훨씬 더 깊은 차원의 유익을 얻으리라는 확신으로 하는 일이다.

전문 기술에서는 보이는 실재를 가지고 일하고, 전문직에서는 보이지 않는 것을 가지고 일한다. 예를 들어 목공예의 경우 전문 기술은 나무 자체, 나무의 결과 질감에 책임을 진다. 뛰어난 목수는 자신의 나무를 알고 그것을 존중한다. 거기에는 고객 만족 이상의 무엇이 있다. 재료의 진실성 같은 것이 있다.

전문직의 경우, 진실성은 보이지 않는 것에 나타나야 한다. 의사에게는 (단지 사람의 기분을 좋게 하는 것이 아니라) 건강이고, 변호사에게는 (사람들이 자기 맘대로 하게 돕는 것이 아니라) 정의이며, 교수에게는 (시험에 대비해 머리에 정보를 가득 넣어주는 것이 아니라) 배움이다. 목사에게는 (불안을 해소해주거나 위로하거나 종교 기관을 운영하는 것이 아니라) 하나님이다.

처음에는 이것을 다 안다. 적어도 짐작하는 바는 있다. 그러나 첫 교구에 들어서면서 우리에게는 직업이 주어진다.

우리가 상대하는 사람들은 대부분 하나님에 대한 인식이 아니라 자기에 대한 인식의 지배를 받고 있다. 상담, 지도, 격려 등 그들의 일차적 관심사를 우리가 다루는 한, 그들은 우리에게 직업에 능한 목사라는 후한 평가를 내린다. 우리가 하나님을 대하건 대하지 않건 그들은 별로 신경 쓰지 않는다. 플래너리 오코너Flannery O'Connor는 그러한 상황에 처한 어떤 목사를 사분의 일은 목회자이고 사분의 삼은 안마사라고 표현했다.

대부분의 사람이 우리에게 요구하는 것과 다른 일을 하기란 매우 힘들다. 특히 그 사람들이 착하고 지적이고 우리를 존중하고 우리에게 월급을 줄 때는 말이다. 아침마다 일어나면 전화가 울리고, 사람들은 우리를 만나고, 우리에게 편지를 보낸다. 때로는 그 속도가 감당하기 힘들 정도로 빠르다. 그 모든 전화와 편지는 하나님에 대한 믿음과는 상관없이 그냥 우리에게 무엇을 해달라고 부탁하는 사람들로부터 오는 것이다. 그러니까 그들은 하나님을 찾기 때문에 우리에게 오는 것이 아니라, 추천이나 좋은 충고 혹은 기회를 찾기 때문에, 그리고 우리가 그것을 줄 자격이 있다고 막연히 생각하기 때문에 우리를 찾아온다.

몇 년 전에 나는 무릎을 다쳤다. 자가 진단에 의하면, 월풀 치료 정도면 해결될 부상이었다. 대학 시절에 체력 단련장에 월풀이 있었는데, 거기 몸을 담그면 기분이 좋을 뿐만 아니라 달리기에서 생기는 부상에 효과가 있음을 여러 번 경험했다. 지금 내가 사는 지역에서 월풀이 있는 곳은 물리치료사 사무실뿐이었다. 예약을 하려고 전화를 걸었는데, 의사의 처방이 없다는 이유로 거절당했다.

그래서 나는 정형외과 의사를 찾아가서 검사를 받았지만, 월풀 처방을 해주지 않았다. (계획보다 일이 더 복잡해지고 비싸지고 있었다.) 그는 월풀이 내 부상에 적절한 치료법이 아니라며 수술을 권했다. 나는 이의를 제기했다. 월풀은 아무 해도 없고, 오히려 유익할 수도 있다고 했다. 그는 꿈쩍도 안 했다. 그는 전문가였다. 그의 일차적 관심은 건강, 즉 치료라는 눈에 보이지 않는 추상적인 어떤 것이었다. 그는 나의 요구를 들어주는 데에 헌신한 것이 아니었다. 그는 진실성 때문에, 자신의 우선적 헌신을 침해하는 요청을 들어주지 않았다.

그 일 이후로, 나는 조금만 더 다녀보았으면 내가 원하는 처방을 해줄 의사를 찾을 수도 있었다는 것을 알게 되었다.

가끔 그 일을 곱씹어본다. 나는 내가 헌신한 것과 사람들이 내게 요구하는 것 사이에 분명한 선을 긋고 있는가? 무엇보다도 하나님의 은혜, 그분의 자비, 그분이 창조와 언약에서 하신 행위를 지향하는가? 이러한 실재에 더 성숙하게 참여하는 길로 이끌지 않는 것을 사람들이 내게 부탁할 때 나는 그것을 거절할 만큼 내 일에 헌신되어 있는가?

내가 심방하고 상담하고 주례를 서고 회의에 참석하고 기도를 하는 이유가—한 친구는 이것을 양배추 인형에 성수를 뿌리는 것이라고 부른다—사람들이 내게 부탁했기 때문에, 딱히 해로울 게 없고 잘되면 좋은 영향을 미칠 수도 있어서라고 생각하고 싶지는 않다. 게다가 나는 부탁하는 일은 다 들어주는 목사가 근처에 산다는 것을 안다. 그러나 그의 신학은 너무 형편없어서 그 과정에서 적극적인 해를 끼칠 수도 있었다. 적어도 나의 신학은 정통이었다.

그 선을 어떻게 분명하게 유지하는가? 내게 종교적인 직업을 준 사람들의 공동체 안에서 어떻게 목회 소명에 대한 의식을 유지하는가? 오랫동안 종교 시장에서 비교 쇼핑을 했고, 목회적 진실성에 대해서는 크게 신경 쓰지 않는 사람들 사이에서 어떻게 하면 전문인의 진실성을 유지할 수 있는가?

잔해 속으로 들어가기

환상을 깨는 것이 도움이 된다. 주변에 널린 잔해가 얼마나 많은지 오래 한번 쳐다보라. 망가진 몸, 망가진 결혼, 망가진 경력, 망가진 계획, 망가진 가족, 망가진 동맹, 망가진 우정, 망가진 번영. 우리는 눈을 돌리고 거기에 가능한 시선을 주지 않으려 한다. 침착한 체하고, 건강과 사랑, 정의와 성공을 기대하며 아침에 눈을 뜬다. 밀려드는 나쁜 소식에 맞설 정신적·감정적 방어벽을 재빨리 세우고 희망을 잃지 않으려고 한다.

그런데 또 다른 충돌이 우리를 혹은 우리가 아끼는 사람을 잔해더미에 가져다 놓는다. 신문은 사진과 머리기사로 그 폐허를 기록으로 남긴다. 우리 자신의 가슴과 일기장이 세부 내용을 채워 넣는다. 이러한 전반적 대학살로부터 면제된 약속은, 희망은 없는 것인가? 그런 것 같다.

목사들은 날마다 이 폐허 속으로 들어간다. 왜 그렇게 하는가? 무엇을 성취하려 하는가? 그렇게 오랜 세월이 흘렀어도 세상은 더 나아지지 않는 것 같은데 말이다. 하루 더 노력하면 종말이 올 때까지 산사태를 막을 수 있으리라고 생각하는가? 왜 차라리 다 냉소주의자가 되지 않는가? 일부 목사들이 여전히 긍휼을 베풀고, 사람들에게 희생하는 삶을 요청하고, 진리를 증언하기 위해서 학대를 감내하고, 나쁜 소식들 틈에서도 믿기 힘들고 자주 부인당하는 오래전 좋은 소식의 이야기를 고집스럽게 반복하는 것은 그저 순진하기 때문인가?

하나님나라의 시민권 이야기는 '진짜 세상'의 이야기로 해석될 여지가 있는 것인가? 아니면 우리가 살 그 어떤 세상보다도 나은 세상을 상상하는 공상 과학소설 같은 공상 영성을 전하는 것인가? 목회는 사람들의 칙칙한 인생에 조화를 꽂는 일에 불과한가? 쓸모가 전혀 없지는 않지만 실질적이라거나 살아 있다고는 할 수 없는, 불쾌함을 다소 완화시키기 위한 선의의 시도들 말이다.

많은 사람들이 그렇게 생각하고, 대부분의 목사들이 한 번씩은 그렇게 생각한다. 자주 그렇게 생각한다면, 우리는 서서히 그러나 가차 없이 다수 의견을 받아들이게 되고, 하나님을 인격보다는 전설로 보는 사람들, 일단 아마겟돈만 지나면 하나님나라도 멋지겠지만 지금은 이 세상이 우리에게 제시하는 조건대로 일하는 게 가장 좋다고 생각하고, 연하장을 받으면 반가운 것처럼 복음도 받으면 좋지만 컴퓨터 매뉴얼이나 직무 설명서처럼 일상에 반드시 필요한 것은 아니라고 생각하는 사람들의 기대에 따라서 우리의 일을 형성해간다.

두 가지 사실을 말하자면, 첫째, 잔해라는 환경 전반은 잘못된 것을 보수하고 고치고 싶게 만든다. 둘째, 하나님/그 나라/복음을 일차적인 것으로, 살아 있는 실재로 여기지 않는 세속적 사고방식이 계속해서 우리의 상상력을 파고든다. 잔해의 세상과 세속적 사고방식이라는 조합은 목회가 무엇인지에 대한 우리의 확신을 조정하라는 압력을 꾸준하면서도 끊임없이 가한다. 우리는 주변의 끔찍한 상황을 끔찍해하는 사람들이 이해할 수 있는 방식으로 그 상황에 반응하고픈 유혹을 받는다.

구분된 백성으로 사역하기

목사들이 처음 일을 시작하면서 안수 받을 때 주어진 목회의 정의는, 그것이 말씀과 성례전의 사역이라는 것이다.

말씀. 그러나 잔해가 되었다. 모든 말이 '그저 말뿐인 것'으로 들린다.

성례전. 그러나 잔해가 되었다. 물과 떡 한 조각과 포도주 한 모금이 무슨 변화를 가져올 수 있단 말인가?

그러나 그리스도인들은 몇 세기 동안 계속해서 공동체 안의 특정 사람들을 구분해서 그들에게 이렇게 말한다. "당신이 우리 목자입니다. 우리가 그리스도를 닮아가게 지도해주십시오."

물론 그들의 행동은 종종 말과는 다른 것을 보여주겠지만, 영혼의 깊은 영역에서 전해지는 말하지 않은 욕망은 종교적인 일을 수행하는 사람 이상을 원한다는 것이다. 그 말하지 않은 것을 말로 표현한다면 다음과 같을 것이다.

우리가 하나님과 그 나라와 복음에 대해서 믿는 바를 우리에게 말하고 행동하는 책임을 당신이 지기를 바랍니다. 우리는 성령께서 우리 가운데 계시고 우리 안에 계시다는 것을 믿습니다. 우리는 하나님의 성령이 계속해서 이 세상의 악과 우리 죄의 혼돈 위를 운행하시며 새로운 창조 세계와 새로운 피조물을 빚으신다는 것을 믿습니다. 우리는 하나님이 세계사의 잔해를 보고 신기해하고 놀라는 구경꾼이 아니라 참여자이심을 믿습니다.

우리는 어떤 순간에건, 우리가 관찰하기로 택하는 어떤 사건에서건 보이지 않는 것이 보이는 것보다 더 중요하다는 것을 믿습니다. 우리는 모든 것, 특히 잔해처럼 보이는 모든 것이 하나님이 찬양의 삶을 만들기 위해서 사용하시는 재료임을 믿습니다.

우리는 이 모든 것을 믿지만, 보지는 못합니다. 우리는 에스겔처럼, 무자비한 바벨론의 태양 아래서 하얗게 마른 분해된 해골을 봅니다. 한때는 웃고 춤추는 아이들이었고, 한때는 의심하기도 하고 교회에서 찬양을 부르기도 하고 죄를 짓기도 하는 어른들이었던 뼈들을 여럿 봅니다. 우리는 춤추는 사람이나 사랑하는 사람이나 노래하는 사람을 보지 못합니다. 기껏해야 잠깐 일별할 뿐입니다. 우리가 보는 것은 뼈입니다. 마른 뼈입니다. 우리는 죄와 죄에 대한 심판을 봅니다. 그렇게 보입니다. 에스겔에게 그렇게 보였습니다. 볼 눈과 생각할 뇌를 가진 사람이라면 누구나 그렇게 봅니다. 우리에게도 그렇게 보입니다.

그러나 우리는 다른 것도 믿습니다. 우리는 이 뼈들이 모여서 연결되고 힘줄이 생기고 근육이 생겨서, 말하고 노래하고 웃고 일하고 믿고 자기들의 하나님을 축복하는 인간들이 될 것을 믿습니다. 우리는 에스겔이 설교한 대로 되었다고 믿고, 지금도 그렇게 된다고 믿습니다. 우리는 그것이 이스라엘에서 일어났고 교회에서도 일어난다고 믿습니다. 찬양을 드리고, 하나님의 말씀을 믿음으로 듣고, 성례전을 통해 그리스도의 새 생명을 받는 우리도 그 일의 일부임을 믿습니다. 가장 중요한 일 혹은 가장 중요하게 일어날 수 있는 일은 우리가 더 이상 분해된 채로 있지 않고 그리스도의 부활의 몸으로 기억되는 것이라고 믿습니다.

우리의 믿음을 날카롭고 예리하고 온전하게 유지하려면 도움이 필요합니다. 우리 자신을 믿을 수는 없습니다. 우리 감정은 우리를 유혹해서 부정을 저지르게 합니다. 우리가 어렵고 위험한 믿음의 행위를 시작했다는 것을 알고, 그것을 희석시키거나 파괴하려는 강한 세력들이 있다는 것도 압니다. 당신이 도와주기를 바랍니다. 우리의 목사가 되고, 우리 인생의 모든 부분과 단계—일과 놀이에서, 우리 자녀와 부모에게, 태어날 때나 죽을 때, 축하할 때나 슬퍼할 때, 아침 햇살이 가득 들어오는 날이나 온종일 비만 내리는 날에도—에서 말씀과 성례전의 사역자가 되어주십시오. 믿음의 삶에 이것이 유일한 임무는 아니지만, 이것이 당신의 임무입니다. 다른 중요하고 본질적인 임무들은 다른 사람에게 부탁하겠습니다. 말씀과 성례전만큼은 당신 것입니다.

한 가지 더 이야기하겠습니다. 우리는 당신을 이 사역으로 임명할 것이고, 당신이 그 일을 계속하겠다고 서약하기를 원합니다. 이것은 한시적인 직업이 아니라 우리 공동체에서 살아낼 필요가 있는 삶의 방식입니다. 우리는 당신이 우리와 같은 위험한 세상에서 마찬가지로 어려운 믿음의 모험을 시작했다는 것을 압니다. 우리는 당신의 감정이 우리의 감정만큼이나 변덕스럽고, 당신의 정신도 우리의 정신처럼 다루기 힘들다는 것을 압니다. 그렇기 때문에 우리는 당신에게 안수하는 것이고 당신에게서 서약을 받아내는 것입니다. 우리가 아무것도 믿고 싶지 않고 당신에게서 아무런 말도 듣고 싶지 않은 날이 며칠, 몇 달, 심지어 몇 년간 계속될 수도 있다는 것을 우리는 압니다. 당신도 말하고 싶지 않은 날이 며칠, 몇 달, 심지어 몇 년간 계속될 수도 있다는 것도 압니다. 상관없습니다. 그냥 하십시오. 당신은 이 사역으로 안수를 받았고 서약을 했습니다.

우리가 위원회나 대표단으로 당신을 찾아가서 지금 당신에게 말하는 것과는 다른 것을 말해달라고 요구하는 때도 있을 것입니다. 우리가 당신에게 요구하는 것에 굴복하지 않겠다고 지금 약속하십시오. 당신은 변하는 우리의 욕망, 혹은 시기에 따라 달라지는 우리의 필요, 혹은 더 나은 것을 바라는 우리의 세속적 소망을 위하는 사역자가 아닙니다. 우리는 당신이 유혹의 목소리에 반응하지 못하도록 이 안수의 서약과 함께 당신을 말씀과 성례전의 돛대에 단단히 묶습니다.

이 잔해의 세상에는 할 일이 많고, 우리가 그중 일부는 감당할 것입니다. 그러나 우리가 다루는 근본적 실재—하나님, 그 나라, 복음—를 알지 못하면 우리는 헛되고 공상적인 삶을 살게 될 것입니다. 당신의 임무는 계속해서 기본 이야기를 들려주고, 성령의 존재를 대변하고, 하나님이 우선순위임을 주장하고, 명령과 약속과 초대라는 성경적 언어들을 말하는 것입니다.

바로 이것이, 혹은 이와 매우 비슷한 것이 교회가 목사로 안수하는 개인들에게 하는 말이라고 나는 이해한다. 비록 사람들이 그것을 말로 표현하지 못할지라도 말이다.

박해를 받은 자는 복이 있나니

불친절한 물이 친절한 일을 한다.
저주, 커다란 폭포를 쏟아내는 돌들이
거친 곳을 다듬어 매끄럽게 한다.
신성모독의 거친 물결이 증오를 내뿜다가
태양에 포착되더니 무지개 원호를
야커게이니Youghiogheny 강 위로 흩뿌린다.
강의 비인격적 공격을 무참히 받은 땅은
그 기반까지 깊어진다.
야생의 물을 훈계하여 잠잠케 하고
푸른 독미나리 아래 그 물을 가두어
새와 사슴들이 평화롭게 목욕하고 마시게 하는
조용한, 바위투성이의, 간헐지게 있는 웅덩이에서
지혜로운 수동성을 얻는다.
그것은 박해의 선물.

힘들게 얻은, 복된 내려놓음.

아내와 나는 둘 다 불안했다. 안식년 동안 12개월을 우리 회중과 떨어져 있다가 이제 돌아가는 길이었다. 산지대의 신선한 공기를 맘껏 마시고 침묵에 잠겨 보낸, 멋진 한해였다. 호젓한 몬태나 로키산맥에서 분주한 메릴랜드로 전환하는 과정을 잘 감당할 수 있을까?

목사는 힘든 직업이다. 무슨 일이든 잘하려면 자기의 모든 것을 다 바쳐야 하니, 세상에 어떤 일이고 쉬운 것이 없겠지만, 그래도 목사는 힘든 직업이다. 1년 동안 우리는 그 일을 하지 않았다. 방해하는 전화도 없었고, 신나기도 하고 지치기도 하는 강단의 창의성도 없었고, 억지로 해내는 의무도 없었다. 우리는 놀고 기도했다. 나무를 자르고 눈을 치웠다. 책을 읽고 읽은 내용을 서로 이야기했다. 겨울에는 산에서 스키를 타고 여름에는 하이킹을 했다.

매주 일요일에는, 지난 30년간 하지 않은 일을 했다. 함께 앉아 하나님을 예배했다. 우리는 소머스Somers에 있는 에이츠볼 Eidsvold 루터교회에 가서 대부분이 노르웨이 사람들인 70-80명의 그리스도인들과 함께 우리가 잘 알지 못하는 찬송가를 불렀다. 프리스 목사가 기도를 인도했고 풍요로운 설교를 했다.

4월의 어느 일요일, 편안하게 의자에 앉아 있던 나는 그 목사가 그 주에 무엇을 했을지 짐작했다. 그가 참석했을 회의와 감내했을 위기를 눈치 챌 수 있었다. 성령께서 그의 설교를 사용해서 퍽 개인적으로 내게 말씀하시는 동안, 생각 한쪽 끝에서는 그 말씀 이면의 해석학적·설교학적 탁월함에 감탄하고 있었다. 그러다가 예배 시간에 자주 그렇듯 이런저런 생각이 떠올랐다. '저 목사는 어떻게 저 일을 매주 할 수 있을까? 어떻게 저렇게 늘 새롭고, 깨어 있고, 정확하고, 사람과 그리스도에 대해 살아 있을 수 있을까? 그것도 이 모든 스트레스와 감정과 연구와 교회 관리까지 겹친 상황에서 말이다. 아마도 이 세상에서 제일 힘든 일이 저것일 거다. 나는 저렇게 못할 거다. 나는 저런 직업을 가지지 않아서 다행이로구나.'

그러다가 깨달았다. '아, 내 직업이 저거였지. 몇 달 후면 다시 저 일을 하겠구나.'

그 '몇 달 후면'이 이제 '다음 주'로 다가왔다. 우리가 해낼 수 있을지 자신이 없었다. 어쩌면 안식년이 우리를 새롭게 해주기보다는 버려놓았는지도 모른다. 힘을 주기보다는 빼갔는지도 모른다. 30년 동안 우리는 수심 30미터가 되는(기압으로 환산하면 얼마가 되는가?) 교구라는 바다에서 살다가 1년의 안식년 동안 수면으로 올라와서 해를 쪼이고 눈을 헤치고 다녔다. 다이버들이 심해에서 나올 때 잠수병을 예방하려고 감압실에 들어가는 것처럼, 다시 심해로 돌아가는 우리에게도 그와 비슷하게 '재압축실'이 필요함을 느꼈다.

몬태나에서 이스트 코스트로 가는 길에는 주간고속도로 90번

이 직선으로 뻗어 있다. 몇 군데 곡선 구간을 제외하고는 거의 직선이다. 그러나 우리는 방향을 틀어 남쪽으로 우회해서 콜로라도 사막고원 지대의 수도원에서 나흘간 기도하며 시간을 보냈다. 안식년 기간에 기도할 시간이 부족했기 때문이 아니다. 기도할 시간은 그 어느 때보다 충분했다. 그러나 지금은 다른 것이 필요함을 느꼈다. 기도 공동체에서, 기도의 소명을 받은 친구들 사이에서, 우리의 목회 소명을 담글 필요를 느꼈다.

그래서 우리는 나흘간 기도하는 공동체에서 기도했다. 하루의 리듬은 단순했다. 아침 6시에 예배실에서 수사들과 이곳을 찾은 다른 사람들과 함께 아침 기도를 드리고, 오후 5시에는 저녁 기도를 드린다. 그 전과 후 사이에는 침묵이다. 걷고 읽고 기도하고 비운다. 그 리듬은 일요일에 깨진다. 아침 기도와 성찬 후에는 모두가 모여서 시끌벅적하고 축제 같은 아침 식사를 한다. 침묵은 기쁨의 우물을 팠고, 이제는 그 기쁨이 흘러넘쳐서 대화와 웃음의 자분정을 통해 공동체 안으로 들어갔다.

수도원을 떠나면서 몬태나의 안식년을, 우리가 기도하면서 기대한 것처럼, 지리상으로뿐만 아니라 감정상으로도 뒤로 할 수 있었다. 사흘 후 우리는 집중력과 넘치는 에너지를 가지고 메릴랜드에 도착했다.

안식년을 부추긴 자극

안식년을 가져야겠다는 생각은 두 갈래 자극에서 비롯되었다. 피로와 불만이다. 나는 피곤했다. 피로 자체는 크게 이상할 것이 없지만, 그 피로는 휴가로 해결할 수 없는 것이었다. 영혼의 피로, 내적 지루함이었다. 나는 그 피로에 영적 핵심이 있음을 감지하고 영적 처방을 찾았다.

목사로 지내면서 나는 작가가 되었다. 그래서 내 목회 소명에 대한 생각을 표현할 수 있는 충분한 시간을 갈망했다. 목사로 활동할 때는 그러한 시간을 결코 얻을 수 없었다.

안식년은 두 가지 필요를 완벽하게 해결해줄 것 같았다. 하지만 어떻게 확보한단 말인가? 나는 혼자서 교회를 섬겼고, 교회에는 안식년을 보내줄 돈이 없었다. 안식년 동안 누가 내 자리를 대신할 것인가? 이 모험을 위한 재정을 어떻게 해결할 것인가? 이 두 가지 어려움은 감당하기 힘들어 보였다. 그러나 만약 안식년이 정말로 영적 필요에 대한 영적 처방이라면, 교회가 해결책을 찾을 수 있어야 한다고 생각했다.

나는 우선 회중의 몇몇 지도자들에게 전화를 해서 저녁 시간에 우리 집으로 초대했다. 나는 그들에게 내가 느끼는 것과 원하는 것을 이야기했다. 그들에게 문제를 해결해달라고 하지 않고, 나와 함께 해결책을 찾아달라고 부탁했다. 그들은 많은 질문을 했다. 그들은 나를 진지하게 대했고, 이것이 회중의 임무라는 것을 감지했고, 자신들을 나의 목사로 보기 시작했다. 그 모임 후에 나는 우리가 어려움을 해결한 것은 아니지만, 함께 기도하고 일하고 생각할 동료가 생겼음을 알 수 있었다. '안식년'이라는 개념이 일에 속도를 더했다. 그리고 몇 달 만에 '산'을 옮기는 일이 일어났다.

나를 대신할 사람을 찾는 일은 알고 보니 별로 어렵지 않았다. 교단에서 임시 목사를 찾는 일을 도와주었다. 딱 그 일에 맞는 사람들이 제법 있었다. 우리는 결국 최근에 우리 교회에서 1년간 인턴으로 섬긴 젊은이를 청하기로 결정했다.

재정의 경우, 교회가 내 급료의 삼분의 일을 내고 나머지 삼분의 이는 내가 해결하는 계획을 짰다. 나는 1년간 우리 집을 세주고, 관대한 친구에게 도움을 청하는 것으로 이 문제를 해결했다. 몬태나 호숫가에 지금은 돌아가신 부모님이 사셨고, 우리가 늘 휴가를 보냈던 집이 한 채 있었다. 고독이 필요한 우리에게 적합한 집이었고, 돈도 많이 들지 않았다.

늘 쉽고 신속하지는 않았지만 하나둘씩 일이 해결되었고, 그렇게 열 달 만에 안식년이 합의되고 계획되었다. 나는 회중에게 보내는 편지에 우리가 하는 일을 이렇게 해석했다.

안식년은 성경적 근거가 있는 회복의 방법입니다. 농부의 밭이 소진되면 그 밭은 안식년에 들어갔습니다. 6년간 심고 수확하고 난 후에는 1년간 방치해서 다시 그 밭에 영양분을 채웠습니다. 사역을 하는 사람이 소진되면 그들도 안식년을 얻습니다. 영적 에너지와 창조 에너지를 회복하기 위한 시간입니다. 저는 지난 2년간 바로 그러한 회복의 시간이 제게 필요한 것을 느꼈습니다. 제게 비축된 것이 별로 없고, 창의성을 위한 여유가 없다는 느낌이 매주 더 강렬하게 다가옵니다. '사막'의 시간, 침묵과 고독과 기도를 위한 시간이 필요함을 느낍니다.

여러분의 목사로서 제가 가장 두려워하는 것 중 하나는 피로나 게으름 때문에 일하는 시늉만 내는 것입니다. 우리가 함께하면서 개인적으로 성령의 삶을 위해 분투하는 대신에 숙련된 매끄러움을 내세우는 것이지요. 목회에 따라오는 요구는 매우 크고, 숨을 돌릴 틈이 없습니다. 어느 날이건 믿음의 씨름을 하는 누군가와 직면하지 않는 시간이 별로 없습니다. 그 씨름은 하나님의 영광을 위해서 사는 인생과 자기만족이나 사소한 방해거리로 낭비하는 인생 사이의 차이를 만들어내는, 깊고 핵심적이고 영원한 에너지이지요. 그렇게 씨름하는 상황과 맞닥뜨릴 준비가 늘 되어 있기를 저는 바랍니다. 제게는 그것이 바로 목사가 된다는 것의 의미입니다. 주의 말씀과 주의 현존과 접하고, 제가 무슨 일을 하든—여러분을 예배로 인도하든, 성경을 가르치든, 여러분과 개인적으로 대화하고 기도하든, 공동생활을 영위하면서 집단으로 여러분과 만나든, 시와 기고문과 책을 쓰든—그 말씀과 현존으로부터 말하고 행할 준비가 되어 있는 것입니다.

바로 이러한 강렬함과 친밀함의 능력, 하나님의 말씀이 모든 것을 살아나게 만드는 중심에 머무는 부분에서 저는 다시 채워져야 할 필요를 느낍니다. 오늘날의 요구는 과거보다 훨씬 더 큽니다. 여러분과 23년간 목회를 해온 결과 중 하나는 회중 안팎으로 사람들의 관계망이 복잡해졌다는 것입니다. 그 사람들과 저는 중요한 관계를 맺고 있습니다. 저는 결코 그것을 마다하지 않습니다. 그러나 모든 것이 밋밋한 일과가 되어버리지 않으려면 긍휼과 창의성의 샘을 유지하기 위한 일을 해야만 합니다.

'사막' 시간을 필요로 하는 것과 나란히 '추수' 시간도 필요함을 느낍니다. 여러분과 함께한 23년은 충만하고 풍요로웠습니다. 저는 경험도, 정식으로 배운 것도 없이 여기에 왔습니다. 성령으로부터 또 서로에게서 가르침을 받으면서 우리는 함께 많은 것을 배웠습니다. 여러분은 회중이 되고, 저는 목사가 되었습니다. 그동안 저는 글쓰기가 여러분과 함께하는 제 목회 소명의 본질적 요소라는 것을 깨달았습니다. 모든 글은, 함께 예배하고 성경에 집중하고 우리 삶에서 성령의 현존을 분별하려고 노력하는 이 믿음의 공동체라는 토양에서 나옵니다. 제가 글을 쓸 때면 점점 많은 독자들이 감사를 표하고 그것이 제 일임을 확인해줍니다. 현재, 성숙하고 무르익은 무수한 추수거리가 기록되지 못한 채 남아 있습니다. 저는 우리가 함께 살아낸 것을 글로 쓰고 싶습니다. 급하게 서두르며 혹은 부주의하게 글을 쓰고 싶지 않습니다. 하나님께 영광이 되도록 잘 쓰고 싶습니다.

잰과 저는 이 일을 논의하고, 함께 기도하고, 우리가 지혜롭다고 여기는 사람들과 상의했습니다. 자명한 해결책은 다른 교회의 부름을 받아들이는 것이었습니다. 그러면 복잡한 과거사 없이 깔끔하게 새로운 관계를 맺고, 새 출발로 신선한 자극도 얻을 수 있을 것입니다. 그러나 다른 길을 찾을 수만 있다면 이곳을 떠나고 싶지 않았습니다. 우리가 함께 키워온 예배와 사랑의 삶은 떠나달라는 요구가 있을 때에야 비로소 우리가 떠나보낼 소중한 보물입니다. 그래서 우리는 1년간 떠나서 기도하고 글을 쓰는 안식년을 생각하게 되었습니다. 그러면 이 장소와 이 사람들에게로 돌아와서 여러분과 함께하는 사역에 우리의 최선을 다할 수 있을 것입니다.

그리하여 사막의 시간과 추수의 시간, 기도의 시간과 글 쓰는 시간이 나란히 놓여 대조되고 합류하고 교차 교배되는 안식년을 가집니다. 많은 분들이 이미 이 모험을 위해 복을 빌어주고 격려해줌으로써 우리 삶에서 하나님께 순종하며 이 믿음의 발걸음을 떼기로 한 결정을 확인해주었습니다.

안식년을 위한 구조

그렇게 안식년이 시작되었다. 회중으로부터 12개월을 떠나 있는 시간. 기도하고 글을 쓰고, 예배하고 산책하고, 대화하고 독서하고, 기억하고 정정할 12개월의 시간.

처음부터 우리는 안식년을 목사와 회중 모두의 영적 필요를 채우는 공동 사업으로 인식했다. 우리는 그 한 해가 도피로 오해되지 않기를 바랐다. '가서 자기 할 일을 하는' 것으로 비쳐지지 않기를 바랐다. 우리는 이 회중에 헌신되어 있었다. 안식년은 우리의 공동 사역을 더 깊어지게 하고 지속하기 위해서 마련된 것이었다. 그러한 의미를 어떻게 전달할 수 있을까? 어떻게하면 믿음 안에서의 친밀감을 계발하면서도, 지리적 거리감이 영적으로 우리를 멀어지지 않게 할 수 있을까?

우리는 매월 '안식년 편지'를 '잰의 편지'와 '유진의 편지'로 나눠서 쓰기로 했다. 우리는 편지와 함께 카메라 필름도 보냈다. 그러면 친구가 그 달에 우리의 생활을 찍은 사진을 인화해서 교회 입구에 붙여놓았다. 편지와 사진은 우리가 기대한 역할을 해주었다. 그런데 성도들은 두 편지 중에서 한쪽만 자세히 읽는 것 같았다. 바로 잰의 편지였다. 나는 설교를 포기하지 못했는데, 잰은 안식년의 경험을 전해주었던 것이다.

브리타 스탠달Brita Stendahl은 남편 크리스터Krister와 스웨덴에서 함께 보낸 안식년이 그들을 "살려주었다"고 쓴 적이 있다. 잰의 편지는 우리가 두고 온 예배와 믿음의 친구들에게 안식년의 그러한 측면을 보여주었다. 첫 편지에서부터 방향은 분명했다.

우리와 4천 킬로미터 떨어져 사시는 시어머니는 우리 편지를 늘 반가워하셨습니다. 남편이 장남이고, 물리적으로나 이념적으로 '모험을 찾아' 나선 자식이었기에 그의 우주적이고 신학적인 편지로 고무되는 것을 늘 즐거워하셨지요. 남편은 모든 거창한 사상들을 어머니와 나눴습니다. 그러나 시어머니도 엄마이고 가정주부였기 때문에 특히 저에게서 듣는 소식을 좋아하셨습니다. 제 편지에는 저녁에는 뭘 먹었고, 손자들이 최근에 어떤 문제를 겪고 어떤 성취를 거두었는지, 옷의 어디가 찢어지고 어떤 보석 같은 말들을 쏟아냈는지가 적혀 있었기 때문입니다. 거창한 사상에 대한 것들은 이 편지의 뒷면에 있습니다. 여기서는 시어머니에게 쓰는 것과 같은 편지를 그리스도 우리 왕 교회에 있는 우리의 소중한 가족인 여러분에게 씁니다.

여기까지 오는 여행길은 좋았습니다. 오는 길에 며칠은 야영을 했습니다. 우리가 떠날 때 여러분이 좋은 뜻에서 해준 충고들을 대부분 귀담아 들었지만, 따뜻하게 입고 가라는 말은 여러 번 듣고도 흘려버렸나 봅니다. 몬태나에서 첫날밤은 미주리 강 상류수에서 야영을 했는데, 교회에 보내는 편지에 언급하기에는 점잖지 못한 부위까지 꽁꽁 얼고 말았습니다. 강아지까지 텐트에 들여 온기를 좀 얻으려고 했지만, 강아지도 별 도움은 되지 못했습니다. 밤하늘은 지평선까지 반짝이는 별들로 가득 차서 정말로 아름다웠습니다. (별들이 지평선까지 뻗어 있는 줄은 몰랐답니다!) 아침이 되자 텐트에는 얼음막이 씌워져 있었습니다.

여기서 보낸 첫째 주는 청소와 정리, 집 안에 온기를 회복하는 일에 주력했습니다. 이제야 나무로 불을 지피는 요령을 좀 익힌 것 같습니다. 이러한 일들을 하는 틈틈이 숲에서 산책도 하고 서로 책도 읽어주었습니다. (지금은 개리슨 케일러Garrison Keillor의 책을 읽고 있습니다.)

하루는 흰머리독수리 수십 마리가 맥도널드 개울에서 산란하는 연어를 잡는 광경을 보러 글래시어 공원으로 갔습니다. 작년에는 5백 마리 이상이 목격된 날도 있다고 들었습니다. 새 구경을 하고 난 후에는 권곡 빙하 쪽으로 2.5킬로미터 정도 떨어져 있는 애벌란치 호수까지 하이킹을 했지요. 날아다니는 눈가루, 태양, 바람, 구름을 골고루 갖춘 완벽한 날씨였습니다.

우리가 사는 호숫가에서 헤엄치고 다니는 오리가 서른 마리 정도 됩니다. 지난 일요일에는 예배를 드리고 와보니 호수로 나 있는 작은 부두 쪽에서 자기 몸을 핥으며 말리고 있는 털 달린 짐승을 보았는데, 그게 알고 보니 밍크였습니다.

주말에는 아들 부부가 스포케인에서 왔다 갔고, 금요일 저녁에는 남편의 남동생과 여동생, 그 가족들을 불러 포틀럭 파티를 했습니다. 즐거운 가족 모임이었고 좋은 시간을 가졌습니다. 올해 우리가 드리는 기도 중 하나는 가족 모임이 충만하고 풍성해지는 것입니다.

벨 에어를 떠나기 전에 우리가 메이블 스카버러Mabel Scarborough에게 마지막으로 부탁한 일은 믿음의 가족인 여러분을 위해서 날마다 기도할 수 있도록 교회 주소록을 갱신해달라는 것이었습니다. 여러분을 사랑하고 위해서 기도하고 있습니다. 여러분과 아주 가까이 있는 느낌입니다. 오늘 저녁 식사로는 사워도우sourdough 빵에 크림 참치를 얹어서 먹었습니다.

우리는 그렇게 시간을 보냈다. 일단 몬태나에 도착하고 나서는 사막과 추수라는 한 쌍의 목표를 지켜줄 일과를 정해서 그 한 해를 쓸데없이 낭비하지 않게 했다. 우리는 일주일에 닷새는 일하고, 토요일과 일요일은 놀이와 기도로 보내기로 했다. 나는 책상에 앉아 하루에 다섯 시간 정도 열심히 일했고, 그 다음에는 쉬었다. 늦은 오후에 우리는 저녁 기도를 드리고 그 다음에는 서로 책을 읽어주고 저녁을 준비했다. 그렇게 9개월을 보내고 나니 내가 완성하고자 했던 책 두 권의 집필을 마칠 수 있었다('추수'). 그 이후로는 전부 독서하고 기도하고 하이킹을 하는 '사막'이었다.

사역을 위한 재정비

내가 바라던 일이 모두 이루어졌다. 나는 15세 이후로 한 번도 가져보지 못한 에너지를 충전해서 돌아왔다. 나는 목사인 것이 늘 즐거웠다. (그렇지 않은 때가 간혹 있었어도 오래가지는 않았다.) 그러나 이만큼 좋아한 적이 없었다. 경험의 성숙이 청년의 에너지와 쌍을 이루어 상상도 못한 조합을 만들어냈다. 전에는 목회를 하면서도 누군가는 해야 했기 때문에 의무감에서 했던 일들을 이제는 기쁘게 받아들였다. 내 안에 넓고 깊은 저수지가 자유롭게 흐르는 것 같았다. 대화, 회의, 편지 쓰기, 전화 통화 등 내가 하는 모든 일에서 상당한 여유를 느꼈다. 다시는 서두르는 일이 없을 것 같았다. 안식년이 제대로 효과가 있었던 것이다.

내가 기대하지 않았던 유익 중의 하나는 회중에게 일어난 변화였다. 생기 넘치고 자신감 있는 그들의 모습은 내가 이전에 한 번도 보지 못한 모습이었다. 목사와 교인 사이의 신경증적 의존성은 장기 목회의 위험 중 하나이다. 나는 그 점을 간혹 걱정했었다. '내가 이 회중에 이토록 오래 남아 있는 것이 건강에 유익한가? 내가 그들에게 하나님의 자리를 대신하는 것은 아닌가?'

안식년을 제안했을 때 그러한 두려움이 더 첨예하게 느껴졌다. 왜냐하면 많은 사람들이 과도하게 불안해했기 때문이다. 내가 돌아오지 않을까 불안해했고, 교회가 나 없이는 돌아가지 않을까봐 불안해했으며, 우리가 그토록 애써서 발전시킨 믿음과 예배와 신뢰의 삶이 내가 없는 동안 와해될까봐 불안해했다. 이러한 두려움 중 그 어느 것도 실현된 것은 없었다. 단 하나도. 조금도. 오히려 회중은 번창했다. 그들은 내가 전혀 필요하지 않다는 것을 알게 되었다. 다른 목사가 와도 나와 했던 것처럼 예수 그리스도의 교회가 될 수 있음을 발견했다. 하나님의 백성으로 자신의 성숙에 자신감을 가진 회중에게로 나는 돌아왔다.

최근에 일어난, 사소해 보이는 사건 하나가 다양한 상황에서 계속해서 나타나는 심오한 차이를 보여준다. 25명 정도가 1박으로 리더십 리트릿을 가기로 했다. 우리는 교회 주차장에서 5시 45분에 만나 함께 차를 타고 가기로 했다. 나는 병원 심방이 예정보다 시간이 오래 걸리는 바람에 5분 늦게 도착했다. 주차장은 텅 비어 있었다. 나를 두고 가버린 것이다. 안식년 전이라면 상상도 못했을 일이었다. 이제는 그런 일이 늘 일어난다. 그들은 스스로를 챙길 줄 알았고, 나도 알아서 나를 챙길 거라 생각했다. 성숙이다.

회중과 나 우리는 둘 다 상당한 자유를 경험하고 있다. 둘 다 서로를 신경증적으로 필요로 하지 않는다. 나는 그들에게 의존하지 않고 그들도 내게 의존하지 않는다. 그렇게 되자 우리는 서로를 자유롭게 받아들이고 서로에게서 사역의 선물을 받을 수 있게 되었다.

3부

새롭게 된
말씀

너희 의인들아 여호와를 즐거워하라. 찬송은
정직한 자들이 마땅히 할 바로다. 수금으로
여호와께 감사하고 열 줄 비파로 찬송할지어
다. 새 노래로 그를 노래하며 즐거운 소리로
아름답게 연주할지어다. 여호와의 말씀은 정
직하며 그가 행하시는 일은 다 진실하시도다
(시 33:1-4).

육신은 구원의 축이다. _테르툴리아누스

1. 시인과 목사 ⭕

성경의 선지자들과 시편 기자들이 전부 시인이었다는 사실은 중요하다.

목사와 시인이 공통으로 하는 일이 많다. 경외감으로 말을 사용하고, 일상의 구체적인 일들에 잠기고, 흔한 것들에서 영광을 간파하고, 착각을 경고하고, 리듬과 의미와 정신의 미묘한 상호 연결에 주의한다.

시인은 언어를 돌보고 말을 목양한다. 해로움과 착취와 오용으로부터 말을 지킨다. 말은 단순히 무엇을 의미하는 게 아니다. 말 자체가 무엇이며, 자기 나름의 소리와 리듬을 가지고 있다.

시인의 일차적 임무는 우리에게 무엇을 하라고 말하거나 그렇게 하도록 시키는 것이 아니다. 장난스런 훈련(또는 훈련된 장난스러움)으로 말에 주의함으로써 그들은 우리로 하여금 말을 그리고 말이 우리에게 제시하는 실재를 더 깊이 존중하게 한다.

목사도 말의 업계에 있는 사람이다. 우리는 말로 설교하고 가르치고 상담한다. 사람들은 종종 하나님이 우리의 말을 사용해서 자신에게 말씀하실 수도 있는 기회에 특히 집중한다. 우리에게는 말을 정확하게, 잘 사용할 책임이 있다. 그러나 쉽지 않은 일이다. 우리는 말이 더러는 부주의하게, 더러는 교활하게 사용되는 세상에 살고 있다.

무엇이든 생각나는 대로 말하기가 쉽다. 목사라는 역할이 정신 나간 말도 무마해주기 때문이다. 아첨하거나 조종하는 말로 사람들에 대한 지배력을 얻기가 쉽다. 목사는 미묘한 방식들로 말을 부패시킬 수 있다. 그래서 시인 친구들과 자주 어울리는 게 중요하다. 내 시인 친구들로는 제라드 맨리 홉킨스Gerard Manley Hopkins, 조지 허버트George Herbert, 에밀리 디킨슨Emily Dickinson, 루시 쇼Luci Shaw 등이 있다. 시인은 말에 관심을 가지고 말에 정직하며, 말의 압도적 힘을 존중하고 존경하는 사람이다. 그런 시인들과 만나고 나면 더 주의하게 되고, 말과 하나님 말씀에 대한 경외심을 회복한다.

성경의 선지자들과 시편 기자들이 시인이었다는 사실은 중요하다. 예언과 시, 즉 설교와 기도를 통합하는 일을 하는 목사들이 어떻게 시인들에게 무관심할 수 있는지 나는 의아하다. 시를 읽으면서 말의 세계에서 마음 맞는 동지를 발견한다. 시를 쓰면서 목회 기술을 성경적으로 실천하는 나를 발견한다.

이어지는 시는 목회와 가장 밀접한 교리인 성육신의 축에서 나온 것들이다. 테르툴리아누스Tertullian는 "육신은 구원의 축이다Caro salutis est cardo"라고 썼다.

2. 시 ─────────────────────────────○

산문을 읽을 때는 정보를 얻고 지식을 획득하는 등 무언가를 추구하게 된다. 우리가 원하는 바를 최대한 빨리 얻어 잘 활용하기 위해 그런 글을 읽는다. 만일 필자가 글을 잘 쓰지 않으면, 그러니까 우리가 그의 글을 금방 이해할 수 없으면 우리는 조급해져서 책을 덮고선 왜 이렇게 알기 쉬운 문장을 쓰지 않는지 의아해한다. 그러나 시를 읽을 때는 다른 입장을 취한다. 우리는 골치가 아프지만 다시 돌아가고 기다리고 깊이 생각하고 귀를 기울일 준비가 되어 있다. 이 같은 주의력, 기다림, 경외하는 태도 등은 믿음, 기도, 예배, 증언의 삶의 중심에 있는 것이다. 너무 서둘러 말하려 하면 우리는 왜곡하는 죄를 범하게 된다. 시인들은 우리의 속력을 늦추게 하고 우리를 멈추게 한다. 그 시를 다시 읽고, 다시 읽고, 다시 읽으라.

_유진 피터슨,《거룩한 그루터기》중에서

인사

은혜를 받은 자여 평안할지어다,
주께서 너와 함께하시도다!
누가복음 1:28

파랑 빨강 줄이 쳐진 작은 하얀 트럭을
몰고 오는 내 우편배달부
날개 대신 바퀴를 달고 공무를 의뢰받아
대림절이면 날마다 복음을 배달한다.

개버딘 유니폼을 입은 이 가브리엘은
그의 원조는 빛나지만 후손인 자신은 웃지 않으며
안부의 무게에 눌려 감정을 절제하지만
정확하다. 날마다 아침 10시에 수태고지를 한다.

처음에는 하루에 한 번, 두 번, 혹은 세 번,
둘째 주면 절정에 달해
내 우편함은 꽉 차고 카드마다

(하나님이 이곳에 우리와 함께하신다는 소식을 전하는)
영광이 달랑 25센트의 대가로 붙어 있고
1종 우편에 주소는 친필이다.

나무

이새의 줄기에서 한 싹이 나며,
그 뿌리에서 한 가지가 나서 결실할 것이요.
이사야 11:1

비둘기와 양의 시체를 퇴비로 쓴
이새의 뿌리, 소와 염소의 양피지에
수 세기 동안 말라붙은 기도와 피의 제사가
이제는 내게 복음의 열매를 맺어준다.

다윗의 가지, 유대교의 땅에서 양분을 받아
메시아의 꽃을 피우고, 그 다음에는
그 나라의 곡물로 익어, 겨울을 위해 간직한다,
봄의 향기와 온기를.

성령이여, 우리의 가계도를 흔들어서
당신의 잘 익은 열매를 풀어 우리 내민 팔에 주소서.

내 자녀들이 약속의 땅 석류를
베어 무는 것을 보고 싶습니다.

가나안의 포도를, 하나님의 많은 선물을,
내가 그리스도의 곡에 맞춰 은혜의 줄넘기를 뛰는 동안에.

별

내가 그를 보아도 이때의 일이 아니며 내가 그를 바라보아도
가까운 일이 아니로다. 한 별이 야곱에게서 나오며
민수기 24:17

밤을 제외하고는 별이 보이지 않고,
해가 지기 전까지 정확한 북쪽은 없다.
낮의 밝음은 어둠이 보여주는 것을 가리고,
내가 자러 가는 시간에 곰은 길을 나선다.

저주 받았으나 반드시 필요한 어둠,
내 수조에서 물을 빼 마르게 하는 검은 싱크를 향해 눈을 뜬다.
그리고 본다. 가까이에서도 아니고 지금도 아니고, 천상의 표시가
준성準星의 메시지로 가득한 하늘에서 폭발하는 것을.

어둠에서, 내 뒤에서, 수 광년 전에 출발한
태양이 그 달음질을 완성한다.

판독되지 않은 신화와 이야기의 하늘이
이제 영광의 노래를 이야기한다.

길 잃은 비행사들은 비행을 도모하기 위해 밤을 기다린다.
주행성 순례자들이 자정을 찬양할 수 있게.

초

흑암에 행하던 백성이 큰 빛을 보고,
사망의 그늘진 땅에 거주하던 자에게 빛이 비치도다.
이사야 9:2

기다리며 불을 지키지 못하고 너무 서두른

어리석은 처녀들이 버린

초가 없는 촛대와 기름 없는 등은

실패한 불침번, 놓친 도착, 그럴 수도 있었던 자정에 대한 단서.

심지와 밀랍은 펄럭이며 항의한다.

신을 제거한 은하계의 공허로부터 세차게 불어오는

보이지 않고 이름 없는 악마 같은 공포에

맞서는 연약하지만 저항하는 불길.

그러자 깊은 어둠에서 지혜로운 신자들이 돌보던 불이

빛을 발하며 암중모색하는 모든 부랑자들을 놀라게 한다.

무지몽매한 세상에서 멍들고 비틀거리던 그들.

갑작스런 빛은 비구름이 낀 각 사람의 머리에 역광을 비춘다.

폭우를 걸러낸 태양 광선이 찾아내어 파괴한다,

새까만 적막을. 이제 본다. 내가 본다.

시간

때가 차매 하나님이 그 아들을 보내사 여자에게서 나게 하시고
율법 아래에 나게 하신 것은
율법 아래에 있는 자들을 속량하시고 우리로 아들의 명분을 얻게 하려 하심이라.
갈라디아서 4:4-5

내 인생의 절반 또는 그 이상이
기다리는 데에 쓰인다. 그날이 오기를 기다린다.
새벽이 웃음의 활기찬 태양을 넘치게 해서
하나님의 테두리를 넘어 내 천막으로 들어오기를.

나의 또 다른 시계인 죄에서는 미룬다,
사로잡힌 그날, 그 나라의 꿈이 실현되는 날을,
내가 준비될 때까지. 그러나 나는 결코
준비되지 못하는 것 같다. 내 머리는 너무 오래 처박혀 있었다.

한결같은 메시아의 리듬을 유지하며
바다의 조석과 여자의 피는 가늠한다,
깊이를 부르는 깊이를, 그리고 탄생케 한다,
씨앗이 뿌려진 세월을. 그리고 이 겨울의 땅을 영예롭게 한다,

메트로놈처럼 정확한 달로 측정되는 이 땅을.
자궁보다 더 시간을 잘 지키는 것은 없다.

꿈

주의 사자가 현몽하여 이르되.
마태복음 1:20

미덕과도 악과도

요셉의 의와도 헤롯의 악과도 친절하게 대화하는

은혜에 나는 언제나 항상 이방인이다.

그래서 해마다 천사의 방문이

―꿈에서 현실로 가는 갑작스런 뛰어듦이―필요하다.

처녀가 잉태하고 하나님이 우리와 함께하심을 알기 위해서.

꿈은 힘껏 겨울을 뚫고 나와

내게 시력을 주어 예수의 선물을 보게 한다.

꿈에서 오는 빛은 1년을 간다.

춘분 추분, 하지 동지에 휘둘리지 않으며 열두 달을

비춰서 내 구원자가 사시는 놀이방을 보게 한다.

찬양의 원형이 내 영혼 깊숙이

자리 잡는다. 가을이 사라져 가면 나는 센다.

그 꿈을 다시 꿀 때까지의 날들을.

요람

첫아들을 낳아 강보로 싸서 구유에 뉘었으니.
누가복음 2:7

아버지가 될 뻔하고 어머니가 되다 만 사람만 아는
우리에게 이 아이는 깜짝 선물이다.
우리가 일어나기를 바랐던 모든 일이
갑자기 실현된다.

비축된 희망, 예언과 옛 설교와 노래의 파편들이 부추긴 희망이
이제 요람에서 옹알이를 한다.
최초의 언어를 지껄인다. 그리고 이제 혀를 얻기만 하면
(또 당연히 우리에게 귀가 나기만 하면)

거창한 명사를 말한다. 기쁨, 영광, 평화.
그리고 최상의 동사를 살아낸다. 사랑하다, 용서하다, 구원하다.
포대기와 함께 그 말에서 씻긴다,

모든 더럽히는 감성들이. 모든 실패한 약속들이
깨끗이 문질러지고, 이 세상의 뒷마당에 널린다,
눈부시도록 하얗게. 복음이 바람에 부풀어 오른다.

고통

또 칼이 네 마음을 찌르듯 하리니
이는 여러 사람의 마음의 생각을 드러내려 함이니라.
누가복음 2:35

아기의 우는 소리는 늘 어느 정도는
부적절하지만—사랑받는 순진한 아기가 왜
울부짖음으로 존재를 반겨야 한단 말인가?—모든 게 다
괜찮은 건 아니라는 증거다. 꿈과 출산이 꼭 들어맞지는 않는다.

깊은 굶주림을 채우지 못하고, 깊은 상처를
치료하지 못한다. 자연스러움과 유쾌함은
흉한 찡그림과 저주로 찢긴다. 희열 대신에
상처가 자리 잡는다. 출산은 피범벅이다.

모든 고통은 교향곡의, 달콤함의 서곡이다.
"진주는 굴의 배 속 통증에서 시작되었다."

요람에서 십자가로 재활용된 층층나무가
짐을 더는 멍에가 되어 다시 시장에 나온다.
칼로 찢긴 옆구리는 모두 하나님이
기쁨을 낳는 진통을 통해서 내게 다시 오시기 위한 기반이다.

전쟁

용이 해산하려는 여자 앞에서 그가 해산하면 그 아이를 삼키고자 하더니
…하늘에 전쟁이 있으니.
요한계시록 12:4, 7

전쟁을 알리는 이 탄생의 신호.
연인들은 싸우고, 친구들은 떨어져 나간다.
흥겹게 건배하던 병들마다 가득한 펀치 음료가 용의 목구멍으로 넘어간다.
어머니와 아기들이 이 악마의 밤에서 살아남을 수 있을까?

나는 싸울 만큼 싸웠다.
부엌에서의 말다툼, 놀이터에서의 주먹질.
천사의 합창단마다 폭력배들은 있기 마련,
그러던 어느 날, 이 싸움이 어마어마한 싸움이라는 걸 깨달았다.

휴전: 팔을 내린다. 내 팔에 선물이 가득 찬다.
야생 사자와 길들여진 사자.

진짜 사자와 인형 사자. 어린 양이 놀고, 소가 낮은 소리로 운다.
그 아기가 축제의 아버지가 된다.
까마귀 한 마리가 새하얀 샬롬 안으로 저항을 깍깍댄다.
밝음에 맞서는 공허한 악마의 고함이다.

캐럴

지극히 높은 곳에서는 하나님께 영광이요
땅에서는 하나님이 기뻐하신 사람들 중에 평화로다.
누가복음 2:14

조율하지 않으면, 내 발은 음정을 놓치고 내 혀는 날카롭다.
걷기와 말하기의 불협화음은 몸을 불편하게 하고,
심장의 잡음이 검사 결과에 기록된다.
양쪽 귀 사이의 소음이 노래가 되지 못한다.

언짢은 마음으로, 성미가 까다로운 사람들과 함께 줄을 선다.
울퉁불퉁한 부르주아의 영혼을
억센 로마인의 코를 가진 예리한 그리스의 지성과 바꾸고 싶어 하는 사람들.
그런데 놀랍게도 어느새 우리는 마구간 끝에 와 있다.

노래하는 천사와 흡족해하시는 하나님이
소와 양과 개의 합창에 끼어든다.

소망과 선물 사이에 놓인 이 헛간의 경계에서.
나는 이제 막 형성된, 이제는 내 것이 된, 육신을 일별한다.
그들은 찬양의 음성을 높이며 열두 음색으로
내 근육 안에, 내 뼈 안에 기쁨의 노래를 부른다.

잔치

능하신 이가 큰일을 내게 행하셨으니…
주리는 자를 좋은 것으로 배불리셨으며.
누가복음 1:49, 53

젖이 풍부한 가슴은 복으로 가득하고
어린 아이를 잠잠케 한다, 고통을 지나.
엘 샤다이는 내게 위대한 일들을 하셨다.
그랜드 티턴Grand Tetons의 비탈에서 땅은 하늘에 젖을 먹인다.

그는 자라서 아침을 차려준다, 떡을 뗀다,
수백만의 잔치에서 떠돌이 주인으로.
젖을 먹은 그의 뼈는 꺾이지 않은 채 묻힌다,
아리마대의 무덤에.

이 세상은 입맛이 돋워져
황급하게 그가 차린 식탁으로 나온다.
단단한 고기, 향이 풍부한 포도주.

친구들과 겨울 산에서 주연을 벌이는
나는 또 한 차례 먹으러
매주 다시 간다. 오래 마시라! 다 마시라!

춤

이는 네 문안하는 소리가 내 귀에 들릴 때에
아이가 내 복중에서 기쁨으로 뛰놀았도다.
누가복음 1:44

다른 이의 심장이 고동치자
나는 움직인다. 삼위일체로,
이 세상의 기초가 놓이기 전에 자궁에서 배운 스텝으로.
결코 박자를 놓치지 않는다. 찬양의 맥박을.

빛을 향해 뛰어 오르며 나는 춤을 춘다,
어둠 속에서, 이제 축복의 배를 만지고,
이제 아픈 옆구리를 만지며, 태어날 준비가 된다.
나가서 사랑의 신비에 이름을 붙이고 살아낼 준비가 된다.

거의 죽은 자와 간신히 살아 남은 자가
쓰지 않던 근육에 지하의 신들의 리듬을 익히고

흥겹게 할렐루야 재주를 세 차례 넘는다.
그러나 모두는 아니다. "귀먹은 자는 언제나 춤추는 자를 경멸한다."
그렇다고 춤이 멈추지는 않는다.
기다리는 모든 자가 환영의 목소리에 가볍게 뛰어오른다.

선물

이는 한 아기가 우리에게 났고…그의 이름은 기묘자라, 모사라.
전능하신 하나님이라, 영존하시는 아버지라, 평강의 왕이라 할 것임이라.
이사야 9:6

홍분의 병을 앓다시피 하며 번쩍이는 빛 아래서
나는 또 한다, 해에 해를 거듭하며.
상자를 강탈하여 친구들에게 보여주며
'나 이거 받았다!'고 말하고 싶어 안달을 낸다.

선물마다 포장을 찢어내지만
모든 꼬리표가 거짓이었다. 돌뿐이다.
그리고 내 마음도 돌이다. "허물과 죄로
죽었다." 불이 나간다.

나중에 나의 눈은 어둠에 익숙해져
그리스도 금박으로 싸고 성령 색깔 리본으로 묶은 것을 본다.

여러 이름의 메시아, 믿음의 모양에 붙은
사랑의 꼬리표. 모든 이름은 약속이고
모든 약속은 선물이다. 모두가 같은 숨으로
만들어지고 이름 붙여진 선물. 나는 받아들인다.

헌물

다시스와 섬의 왕들이 조공을 바치며 스바와 시바 왕들이 예물을 드리리로다.
그들이 생존하여 스바의 금을 그에게 드리며.
시편 72:10, 15

공짜 점심이 없고 선물은 물물교환으로 사용하도록
훈련받은 세상에서 자란 나는 아무런 대가 없이
이 선물을 받으며 여생을
보내지만, 어색하다.

목욕 가운을 입은 지혜로운 남자 셋이
청바지와 운동화를 15-18센티미터 정도 드러내며 무릎을 꿇고
아직 그 누구도 줄 준비가 되어 있지 않은
선물들을 상징하는 선물들을 드린다.

몇 명은 뒤에 남아 촛불을 끄고
짚을 쓸고 장난감은 창고에 들여 놓는다.

이 세상의 밤으로 문을 여니
우리가 생각보다 나은 공연을 벌였구나.
남은 거스름돈은 헌금함에서
그 나라의 금으로 바꾸어 그곳을 떠난다.

The Contemplative
Pastor

Trãsla.Gre.lxx. cũ in interp.latina.

ΕΝ ΑΡΧΗ ἐποίησεν ὁ θὲ τὸν οὐρανὸν κỳ τὴν γῆν. κỳ
at terra erat inuisibilis τ icõposita.
ἡ δὲ γῆ ἦν ἀόρατος κỳ ἀκατασκεύασος. κỳ σκότος ἐ
per abyssum: et spiritus dei ferebatur su
πάνω τῆς ἀβύσσου. κỳ πνεῦμα θεοῦ ἐπεφέρετο ἐ
per aquam. et dixit deus fiat lux. τ fa
πάνω τοῦ ὕδατος. κỳ εἶπεν ὁ θὲ γενηθήτω φῶς. κỳ ἐ
cta ẽ lux. et vidit deus luce. ὅ bona. et di
γένετο φῶς. κỳ εἶδεν ὁ θὲ τὸ φῶς, ὅτι καλόν. κỳ διε
uisit deus inter lucem: τ
χώρισεν ὁ θὲος ἀναμέσον τοῦ φωτός, κỳ ἀναμέσον τοῦ
tenebras. τ vocauit deus luce diem: et tene
σκότους. κỳ ἐκάλεσεν ὁ θὲ τὸ φῶς ἡμέραν, κỳ τὸ σκό
bras vocauit nocte. et factũ ẽ vespe. et facti ẽ
τος ἐκάλεσε νύκτα. κỳ ἐγένετο ἑσπέρα, κỳ ἐγένετο
mane: dies vnus. et dixit deus fiat firmamẽti in
πρωῒ, ἡμέρα μία. κỳ εἶπεν ὁ θὲ γενηθήτω στερέωμα ἐν
medio aque. τ sit diuidens inter aqua
μέσω τοῦ ὕδατος. κỳ ἔσω διαχωρίζον ἀναμέσον ὕδα
τ aqua. τ fecit deus firmamẽti.τ
τος κỳ ὕδατος. κỳ ἐποίησεν ὁ θὲ τὸ στερέωμα. κỳ διε
uisit deus inter aquam: q erat sub
χώρισεν ὁ θὲος ἀναμέσον τοῦ ὕδατος, ὃ ἦν ὑποκάτω τοῦ
firmamẽto: et inter aquã: que super
στερέωματος, κỳ ἀναμέσον τοῦ ὕδατος, τοῦ ἐπάνω τοῦ
firmamẽtũ. et vocauit deus firmamẽtũ ce
τοῦ στερεώματος. κỳ ἐκάλεσεν ὁ θὲ τὸ στερέωμα οὐρα
lum. et vidit deus. q bonũ. et factũ ẽ vespere: τ
νόν. κỳ εἶδεν ὁ θὲ ὅτι καλόν. κỳ ἐγένετο ἑσπέρα, κỳ
factũ ẽ mane: dies secũdus. τ dixit deus cõgre
ἐγένετο πρωῒ, ἡμέρα δευτέρα. κỳ εἶπεν ὁ θὲ συναχ
getur aqua que sub celo in congrega
θήτω τὸ ὕδωρ τὸ ὑποκάτω τοῦ οὐρανοῦ εἰς συναγω
tiõez vnã: et appareat arida.τ factũ ẽ ita. τ cõ
γὴν μίαν. κỳ ὀφθήτω ἡ ξηρά. κỳ ἐγένετο οὕτως. κỳ συν
gregata ẽ aqua que sub celo in cõgre
ήχθη τὸ ὕδωρ τὸ ὑποκάτω τοῦ οὐρανοῦ εἰς τὰς συνα
gatiões suas. τ apparuit arida.τ vocauit deus ari
γωγὰς αὐτῶν. κỳ ὤφθη ἡ ξηρά. κỳ ἐκάλεσεν ὁ θὲ τὴν ξη
dã: terra.τ cõgregatiões aquarũ vocauit.ma
ρὰν, γῆν. κỳ τὰ συστήματα τῶν ὑδάτων ἐκάλεσε θα
ria. et vidit deus: q bonũ. et dixit deus ger
λάσσας. κỳ εἶδεν ὁ θεὸς, ὅτι καλόν. κỳ εἶπεν ὁ θὲ βλα
minet terra herbã feni seminãte seme fin
στησάτω ἡ γῆ βοτάνην χόρτου σπεῖρον σπέρμα κατὰ
genus τ scõz similitudinẽ τ lignũ pomiferũ faciēs
γένος κỳ καθ᾽ ὁμοιότητα. κỳ ξύλον κάρπιμον ποιοῦν
fructũ. cuius seme ipsius in ipso scõz genus sup
καρπόν. οὗ τὸ σπέρμα αὐτοῦ ἐν αὐτῷ κατὰ γένος ἐπὶ
terra.τ factũ ẽ ita. et protulit terra
τῆς γῆς. κỳ ἐγένετο οὕτως. κỳ ἐξήνεγκεν ἡ γῆ βοτά
bã feni seminãte seme fin genus τ scõz simi
νην χόρτου σπεῖρον σπέρμα κατὰ γένος κỳ καθ᾽ ὁμοιό
litudinẽ τ lignũ pomiferũ faciens fructũ.cuius se
τητα. κỳ ξύλον κάρπιμον ποιοῦν καρπόν.οὗ τὸ σπέρ
mẽ eius in ipso scõz genus sup terra. et vidit
μα αὐτῷ ἐν αὐτῷ κατὰ γένος ἐπὶ τῆς γῆς. κỳ εἶδεν

Transla.B.Hiero.

IN principio crea- **.i.**
uit deus ᴄᴏᴏᴏᴏᴏᴏ
ᶜcelum ᵈ& ᵉterrã. ᵇ Terra
autem ᴄᴏᴏ ᴄᴏᴏ ᴏᴏᴏᴏᴏᴏᴏᴏᴏ
ᶜerat ᶠinanis ᵍ& vacua:ᵐ &
tenebre erant ⁿsup facie
ᵖabyssi: ᑫ& spiritus ʳ dei
ᵗferebatur ˢsuper ᴏᴏᴏᴏᴏ
ᵗaquas. ʳ Dixitq deus.
ᵇFiat ᴏᴏᴏᴏᴏᴏᴏᴏᴏᴏᴏᴏᴏᴏᴏᴏᴏᴏ
ᵇlux. ᶜEt facta e ᵈlux. ᵉEt
vidit ᵈdeus ᵇlucem ᴏᴏᴏᴏᴏ
ᶜᵖ esset ᵇbona: ᶦ& diuisit
ᵒlucem ᵖa ᑫtenebris: ʳap
pellauit ᑫ ᴏᴏᴏᴏᴏᴏᴏᴏᴏᴏ
ᵗlucem ᵈie: ʳ& tenebras
ⁿnoctem. ᴏᴏᴏᴏᴏᴏᴏᴏᴏᴏᴏᴏᴏᴏ
ᵃFactum est ᵇvespe ᶜ&
ᵈmane ᵉdies ᶠvnus.
ᵍDixit quoq ʰdeus. ᶦFiat
ᵏfirmamentũ ˡin medio
ᵐaquarum:ᵐ& ᵒdiuidat
ᵖaquas ᴏᴏᴏᴏᴏᴏ ᴏᴏᴏᴏᴏᴏ ᴏᴏᴏᴏ
ᑫab aquis.ᵒEt fecit ᵈdeus
ʳfirmamentum. ᴏᴏᴏᴏᴏᴏᴏᴏ
ˢdiuisitq ᵗaquas ᵇq erant
ᶜsub firmameto ab his ᵈque
ᵉerant ᶠsuper ᴏᴏᴏᴏᴏᴏᴏᴏᴏ
ᵍfirmamentũ. ʰ Et factũ
estᶦita. ᵐVocauitq ⁿdeus
ᵒfirmamentum ᵖcelum:
ᑫ& factum est ʳvespeˢ &
ᵗmaneⁿdies ˢsecundus.
Dixit vero ᵈdeus. ᴏᴏᴏᴏᴏᴏᴏ
ᵃCongregentur ᵃaque ᵈq
ᶜsub ᵈcelo sunt ᵉin ᴏᴏᴏᴏᴏ
ᶠlocumᵍvnum:ᵇ& ᵇappa
 reat ᶦarida. ᵏEt factum e
ˡita. ᵐEt vocauit ᵈdeus ᵒa
ridaᵖterram:ᴏᴏᴏᴏᴏᴏᴏᴏᴏᴏᴏ
ᑫcõgregationesq ʳaqua
rũ ˢappellauit ᵗmaria. ᵘ&
ⁱvidit ᵗdeus ᶜᵖ esset ᵇbo
num:ˣ& ait. ᵍGerminet
terra ⁱherbaᵏvirete &
ˢfaciete seme:& ᵗlignu
ᵘpomiferũ ᵗfaciens ᵐfru
ctuⁿiuxta genus suu ᵒcu
ius ᵖseme ᑫsemetipso sit
ᵗsup terra. ˢ Et factũ est
ⁱita. ᵗEt tulit ᵗterra ʰher
ba ᵇvirete & ᵇfaciete seme
ʰiuxta genus suu: ᵏlignũ
qᵗ facies ᵗfructu: ᵐ& hns
vnu quodq ⁱsementem
ᵗfm spem suã. ᵐ Et vidit

Ter.Heb.

בְּרֵאשִׁית בָּרָא אֱלֹהִים אֵת
הַשָּׁמַיִם וְאֵת הָאָרֶץ וְהָאָרֶץ
הָיְתָה תֹהוּ וָבֹהוּ וְחֹשֶׁךְ עַל־פְּנֵי
תְהוֹם וְרוּחַ אֱלֹהִים מְרַחֶפֶת עַל־
פְּנֵי הַמָּיִם וַיֹּאמֶר אֱלֹהִים יְהִי־
אוֹר וַיְהִי־אוֹר וַיַּרְא אֱלֹהִים אֶת־
הָאוֹר כִּי־טוֹב וַיַּבְדֵּל אֱלֹהִים בֵּין
הָאוֹר וּבֵין הַחֹשֶׁךְ וַיִּקְרָא אֱלֹהִים
לָאוֹר יוֹם וְלַחֹשֶׁךְ קָרָא לָיְלָה
וַיְהִי־עֶרֶב וַיְהִי־בֹקֶר יוֹם אֶחָד
וַיֹּאמֶר אֱלֹהִים יְהִי רָקִיעַ בְּתוֹךְ
הַמָּיִם וִיהִי מַבְדִּיל בֵּין מַיִם
לָמָיִם וַיַּעַשׂ אֱלֹהִים אֶת־הָרָקִיעַ
וַיַּבְדֵּל בֵּין הַמַּיִם אֲשֶׁר מִתַּחַת
לָרָקִיעַ וּבֵין הַמַּיִם אֲשֶׁר מֵעַל
לָרָקִיעַ וַיְהִי־כֵן וַיִּקְרָא אֱלֹהִים
לָרָקִיעַ שָׁמָיִם וַיְהִי־עֶרֶב וַיְהִי־
בֹקֶר יוֹם שֵׁנִי וַיֹּאמֶר אֱלֹהִים
יִקָּווּ הַמַּיִם מִתַּחַת הַשָּׁמַיִם אֶל־
מָקוֹם אֶחָד וְתֵרָאֶה הַיַּבָּשָׁה וַיְהִי־
כֵן וַיִּקְרָא אֱלֹהִים לַיַּבָּשָׁה אֶרֶץ
וּלְמִקְוֵה הַמַּיִם קָרָא יַמִּים וַיַּרְא
אֱלֹהִים כִּי־טוֹב וַיֹּאמֶר אֱלֹהִים
תַּדְשֵׁא הָאָרֶץ דֶּשֶׁא עֵשֶׂב מַזְרִיעַ
זֶרַע עֵץ פְּרִי עֹשֶׂה פְּרִי לְמִינוֹ
אֲשֶׁר זַרְעוֹ־בוֹ עַל־הָאָרֶץ וַיְהִי־
כֵן וַתּוֹצֵא הָאָרֶץ דֶּשֶׁא עֵשֶׂב
מַזְרִיעַ זֶרַע לְמִינֵהוּ וְעֵץ עֹשֶׂה־
פְּרִי אֲשֶׁר זַרְעוֹ־בוֹ לְמִינֵהוּ וַיַּרְא

Transla.Chal.

בְּקַדְמִין בְּרָא יְיָ יָת שְׁמַיָּא וְיָת אַרְעָא וְאַרְעָא הֲוַת צַדְיָא וְרֵקַנְיָא וַחֲשׁוֹכָא
עַל אַפֵּי תְהוֹמָא וְרוּחָא דַיְיָ מְנַשְׁבָא עַל אַפֵּי מַיָּא וַאֲמַר יְיָ יְהֵא נְהוֹרָא וַהֲוָה נְהוֹרָא

Interp.cha.

IN principio creauit
deus aut erat deser
faciem abyssi:τ spũs
aquar. Et dixit deus. Sit lu
luce ῀ esset bona. Et diuisit

ους, και εκαλεσεν ο θς το φως ημεραν, και το σκο
vocauit noctē. et factū ē vespe: et factū ē
εκαλεσεν νυκτα, και εγενετο εσπερα, και εγενετο
: dies vnus. et dixit deus fiat firmamētū in
ημερα μια, και ειπεν ο θς γενηθητω στερεωμα εν
το aque. τ fit diuidens inter aquā
τω υδατος, και εστω διαχωριζον αναμεσον υδα
τ aquā. τ fecit deus firmamētū. τ di
τος υδατος, και εποιησεν ο θς το στερεωμα, και δι
deus inter aquam: q erat sub
ισεν ο θεος αναμεσον τ υδατος, ο ην υποκατω τ
amēto: et inter aquā: que super
ματος, και αναμεσον τ υδατος, του υποκατω
firmamētū. et vocauit deus firmamētū ce
στερεωματος, και εκαλεσεν ο θς το στερεωμα ουρα
et vidit deus. q bonū. et factū ē vespere: τ
και ειδεν ο θς οτι καλον, και εγενετο εσπερα, τ
ē mane: dies secūdus. τ dixit deus cōgre
το πρωι, ημερα δευτερα. τ ειπεν ο θς συναχ
r aqua que sub celo in congrega
το υδωρ το υποκατω τ ουρανου εις συναγω
vnā: et appareat arida. τ factū ē ita. τ cō
λιον, και οφθη η ξηρα, και εγενετο ουτως, και συν
ατα aqua que sub celo in cōgre
ηχθη το υδωρ το υποκατω τ ουρανου εις τας συνα
ācs suas: τ apparuit arida. τ vocauit deus ari
αας αυτου, και εφανη η ξηρα, και εκαλεσεν ο θς ξη
terrā. τ cōgregatioes aquarū vocauit.ma
γην, και τα συστηματα των υδατων εκαλεσεν
et vidit deus. q bonū. et dixit deus ger
ρας, και ειδεν ο θς οτι καλον, και ειπεν ο θς βλα
et terra herbā feni semināte seme fim
στησατω η γη βοτανην χορτου σπειρον σπερμα κατα
1st τ scōs similitudinē:et lignū pomiferū faciēs
η, και καθ ομοιοτητα, και ξυλον καρπιμον ποιουν
tū. cuius seme ipsius in ipso scōs genus sup
 πον, ου το σπερμα αυτου εν αυτω κατα γενος επι
terrā. τ factū ē ita. et p̄tulit terra her
γης. και εγενετο ουτως. και εξηνεγκεν η γη βοτα
em seminātē seme fim genus τ scōs simi
χορτου σπειρον σπερμα κατα γενος και καθ ομοιο
dinē:τ lignū pomiferū faciens fructū.cuius se
και ξυλον καρπιμον ποιουν καρπον, ου το σπερ
eius in ipso:scōs genus sup terrā. et vidit
αυτου εν αυτω κατα γενος επι της γης. και ειδεν

lucem^a tenebris: ^ap
pellauit^b
lucem^u die: ^& tenebras
^noctem.
^aFactumq; est^b vespe^&
^omane dies^v vnus.
^bDixit quoq;^odeus.^fFiat
^firmamentu^u in medio
^maquarum:^&o diuidat
^qaquas
^rab aquis.^sEt fecit^cdeus
^xfirmamentum.
^cdiuisitq;^aaquas^q erant
sub
^ofirmameto ab his^q que
erant^bsuper
^efirmamentū. ^xEt factū
est^dita.^mVocauitq;^bdeus
^ofirmamentum^pcelum:
^q& factum est^r vespe^b&
^tmane^ddies secundus.
^rDixit vero^odeus.
^cCongregentur^aque q
^csub^ocelo sunt ^m in
^flocum^vnum:^b& appa
reat^tarida. ^kEt factum ē
^lita.^mEt vocauit^udeus^a a
rida.^mterram:
^qcōgregationes;^baqua
rū^uappellauit^mmaria.^b&
vidit^cdeus^q esset^b bo
num:^d& ait. ^cGerminet
^eterra^therbā^avirētem &
^efaciētē seme:& ^alignum
^apomiferū^tfaciens^afru
ctū^uiuxta genus suū^acu
ius^pseme^qsemetipso sit
sup^oterrā. ^tEt factū est
^uita.^mEt p̄tulit^tterra^aher
bā^avirētē&^bfaciētē seme
^aiuxta genus suū:^alignū
q;^afaciens^afructū:^b& hñs
vnū quodq;^asementem
^aim spm̄ suā. ^mEt vidit